皇家过生日

《紫禁城》杂志编辑部◎编

故宫出版社

图书在版编目（CIP）数据

皇家过生日 /《紫禁城》杂志编辑部编．—北京：故宫出版社，2018.4（2019.11 重印）

ISBN 978-7-5134-1104-2

Ⅰ．①皇… Ⅱ．①紫… Ⅲ．①风俗习惯—中国—清代 Ⅳ．①K892

中国版本图书馆 CIP 数据核字（2018）第 058498 号

皇家过生日

出 版 人：王亚民
责任编辑：周利楠
设　　计：王　梓
出版发行：故宫出版社
地址：北京市东城区景山前街4号　邮编：100009
电话：010-85007808　010-85007816　传真：010-65129479
网址：www.culturefc.cn
邮箱：ggcb@culturefc.cn
制　　版：北京印艺启航文化发展有限公司
印　　刷：北京启航东方印刷有限公司
开　　本：889毫米×1194毫米　1/16
印　　张：14
版　　次：2018年4月第1版
　　　　　2019年11月第2次印刷
印　　数：5001～11000册
书　　号：ISBN 978-7-5134-1104-2
定　　价：86.00元

目录

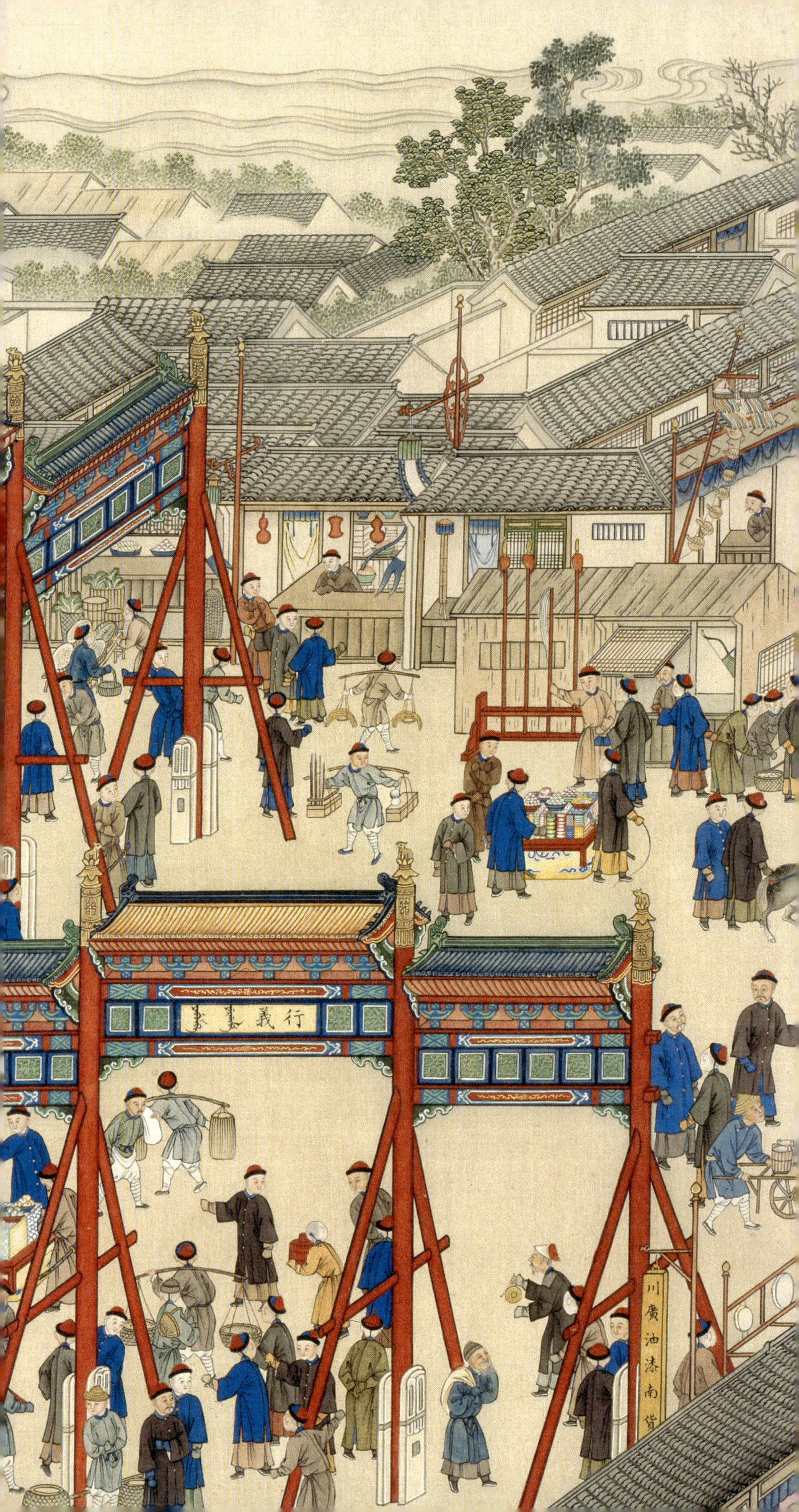
行義
川廣油漆南貨

第一章

普天同庆

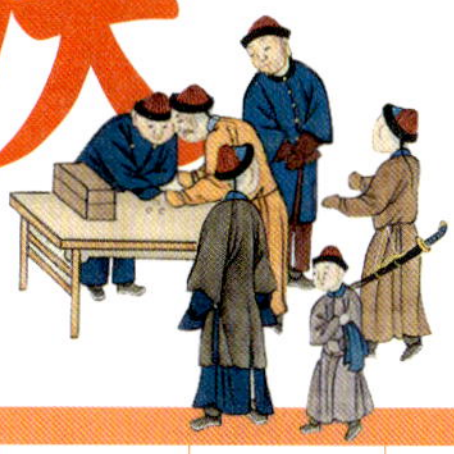

皇帝的生日，就是万寿节。作为王朝的一项典礼，由开始的纯粹娱乐走向庄严肃穆，至清代达到极致。万寿节，与元旦、冬至并列为皇家三大节，无论皇帝还是皇太后、皇后，这个生日注定将过的意义非凡。

把皇帝生辰设为万寿节，从唐宋时期的满朝同贺，到明清时期的普天同庆，都对当时的社会产生了一定的影响。

帝德廣運
寶歷呈祥春靄一天花雨
金輪現彩晨趨萬國衣冠

千叟盛宴

清光绪　辛丑款银牌

银牌上有「御赏」、「耆民」字样，「耆民」指六十岁的平民百姓。光绪二十七年，两宫自西安回銮，恰逢慈禧皇太后万寿，此银牌即为其颁赏所用。

在皇帝生日的同时举办千叟宴的习俗始自康熙皇帝六十大寿。康熙五十二年，康熙皇帝因全国各地多名老人前来为其庆贺六十大寿，大为感动，为不使其空手而归，特设千古未有之「千叟宴」款待老人们。三月二十五日，皇帝万寿节典礼之后第七天，在畅春园正门，赐宴各省前来祝寿的六十五岁以上老人与致仕官员。宴会后，赏赐给这些老人布匹、袍褂、素珠、寿杖、银两。之后的康熙七旬大寿，乾隆七十五岁、八十五岁寿诞，又举行过三次千叟宴，与宴者上千人，入宴者皆赏「太上皇帝御赐养老牌」银牌作为凭信，另外还赐如意、寿杖、缯绮、貂皮、文玩等。

清人绘　康熙皇帝朝服像轴

清人绘 康熙万寿图卷（局部）

花連上苑
天衢耀彩

清乾隆　紫竹方竹刻字镶青玉螭鸠首手杖

杖身近首部阴刻诗句：

「汉玉鸠头此肖为，扶携他日待相随。

虽今步履全无藉，豫立中庸有训辞。」

署「乾隆乙未仲春」，钤二篆书印章。

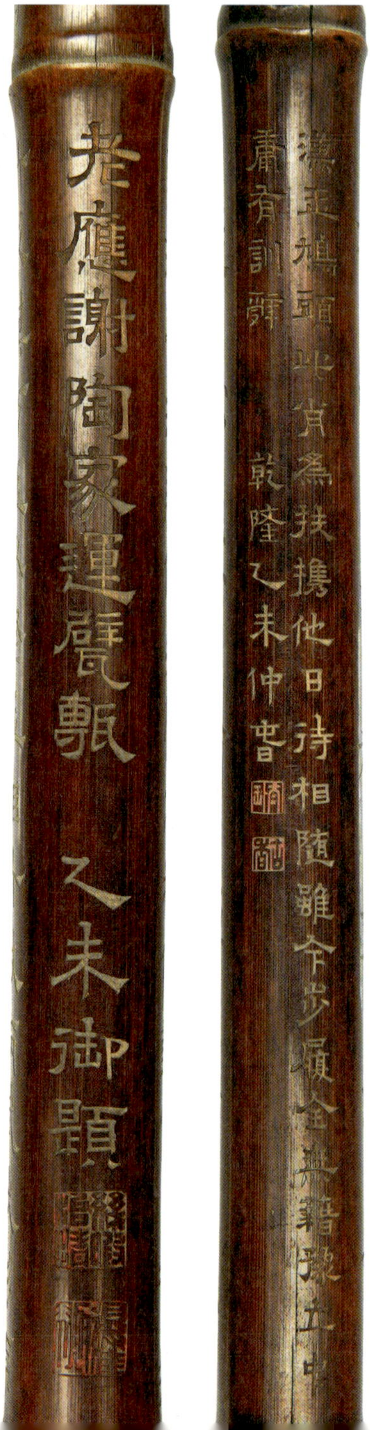

为什么手杖是鸠首？

杖首之为鸠形，是因传说鸠为不噎之鸟，取之有祝愿之意，保佑老人能够衣食无忧，吃喝不愁，胃口大开。古有「廉颇老矣，尚能饭否」之问，可见在中国古人眼中，吃饭的多少，胃口的优劣是评价人是否衰老、体质强弱的重要标准。

清乾隆　天然木黑漆
嵌玉石九老图千叟宴诗屏（正、背）

香山九老的传说

香山九老，又称「洛中九老」、「会昌九老」。相传唐武宗会昌五年春，白居易宴请胡杲、吉玫、郑据、刘贞、卢贞、张浑六位老友聚会自己家中，并赋《七老会诗》以记此事。同年夏，在龙门香山寺，白居易又举行了一次「尚齿会」，此次聚会又增加了李元爽、禅僧如满两位老人。白居易亲自组织的这两次「尚齿会」，以诗文酒会的形式，使与会的老人们有歌听、有舞看、有酒喝，并鼓动老人们能歌则歌，能舞则舞，还要求每位老人都要赋诗纪胜。白居易还请来画工为老人们画像，并在每位老人画像上题上他们的诗文，充分彰显了尊老敬老的情怀。白居易的「尚齿会」之举，对后世影响很大，后人纷纷效仿。

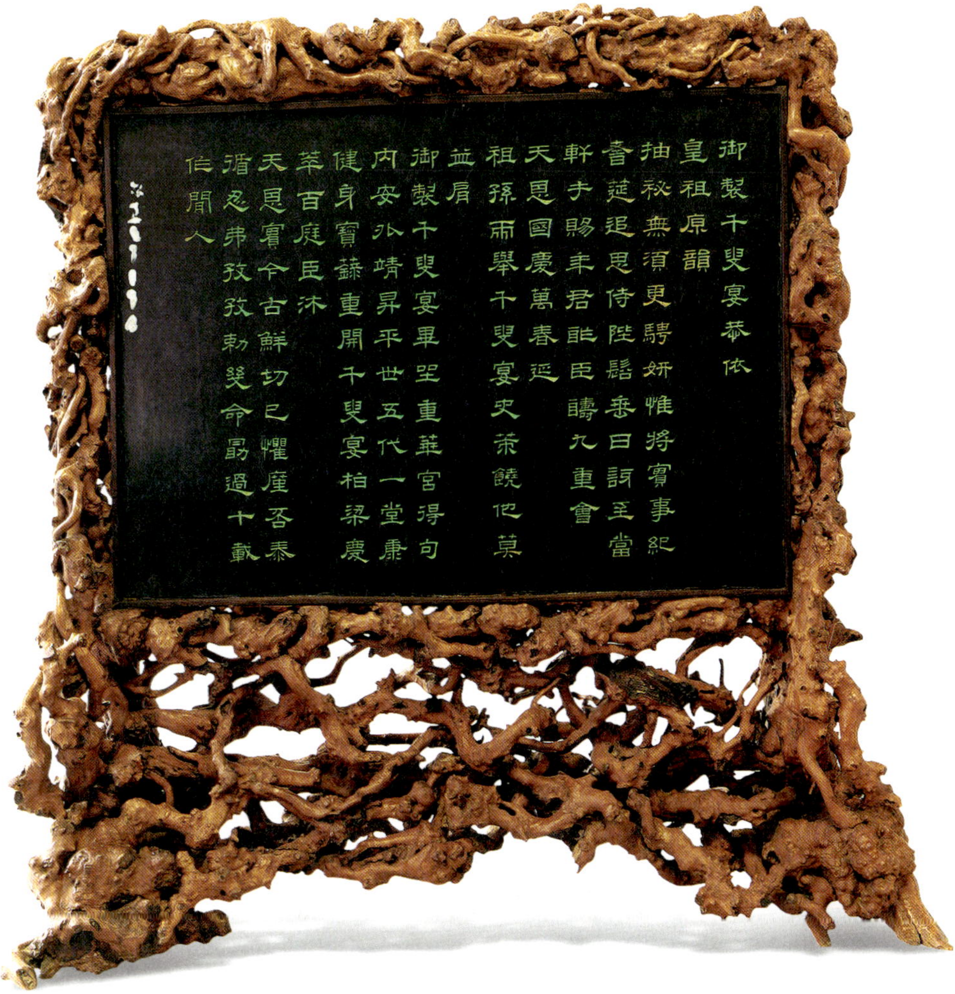

清乾隆 粉彩会昌九老图瓶

清　青玉会昌九老图山子

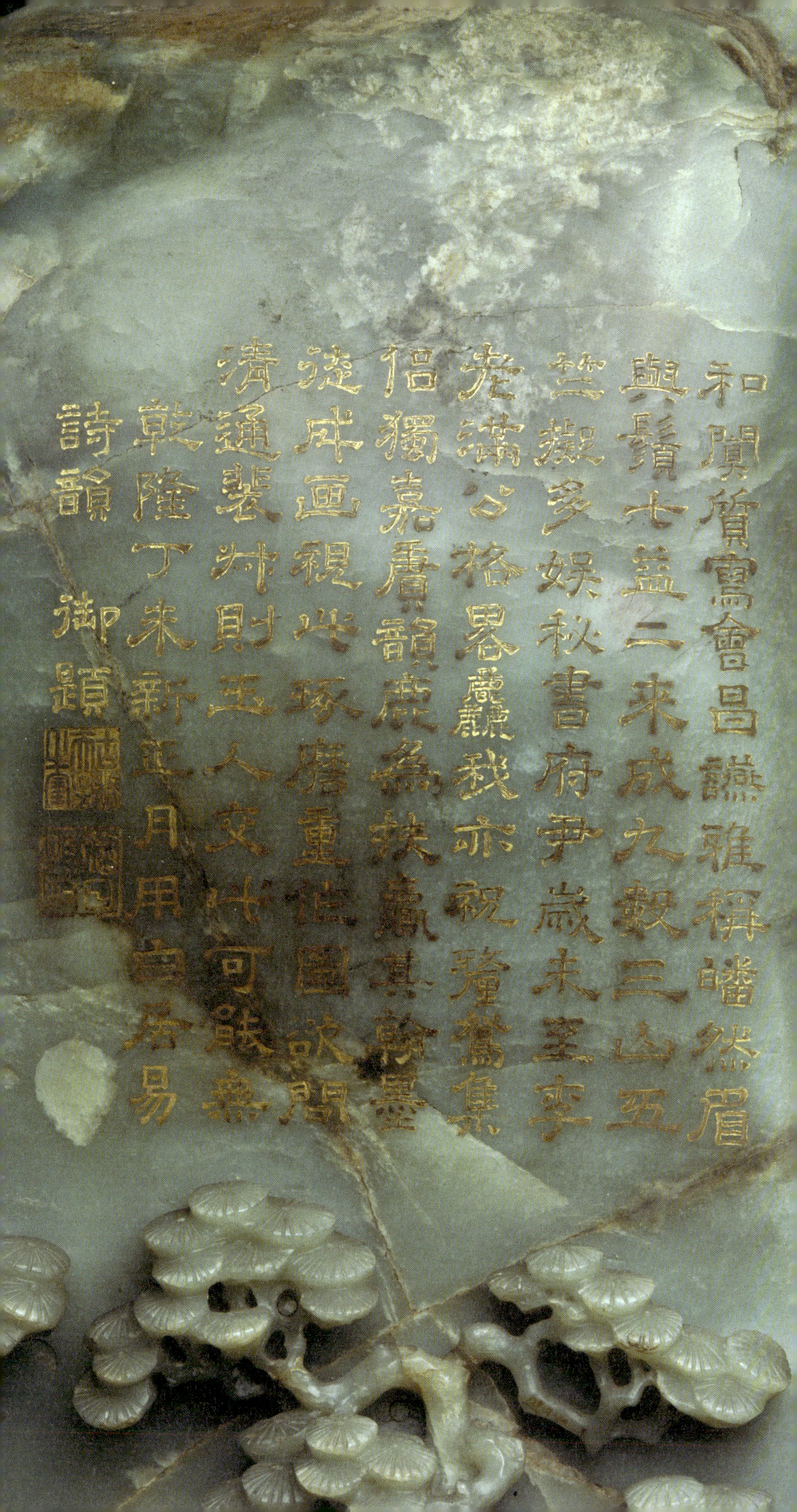
和闐質寫會昌讌雅稱皤然眉
與鬢七益二來成九數三山五
岦擬多娛秘書府尹歲未至李
老滿公格畧麤我亦祝蓬鶯集
侶獨嘉曆韻鹿為扶羸其翰墨
徒成画觀此琢磨重作圖欲問
清通裴村則王人交此可能無
乾隆丁未新正月用白居易
詩韻御題

清 木座嵌染骨群仙祝寿图插屏

清光绪　缂丝群仙祝寿图怀挡

此件怀挡旧藏景福宫。怀挡是吃饭时挂在胸前，防止沾污衣服用的（有些类似现在的围嘴、餐巾）。

清宫大宴时皇帝的大宴桌

清 铜镀金松篷果罩

果罩是用来盛放苹果、佛手、柑橘等鲜果的。万寿庆典期间，皇帝大宴桌上用松篷果罩四座。

清乾隆
剔红飞龙纹宴盒

清乾隆　掐丝珐琅
「万寿无疆」碗

清同治 黄地粉彩开光「万寿无疆」餐具

清光绪　黄地粉彩花卉纹

「万寿无疆」餐具

这套餐具包括盖碗、碗、盘、杯、勺，高足碗、高足盘七样餐具。

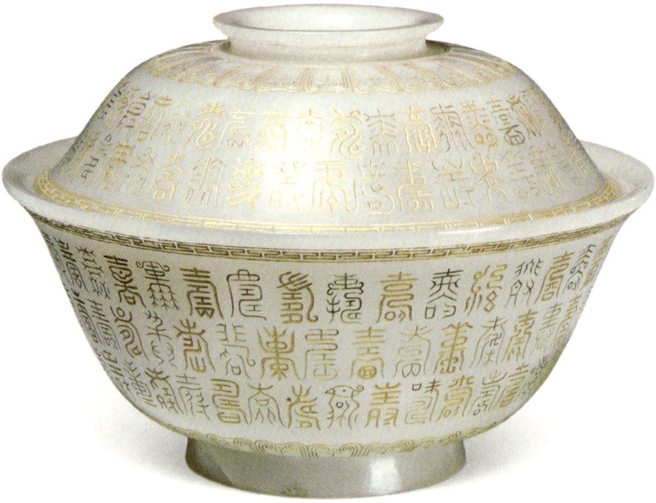

清乾隆　青玉百寿字盖碗

在帝后寿宴之时，此碗用来盛装御膳「玉粒饭」、「长春面」。

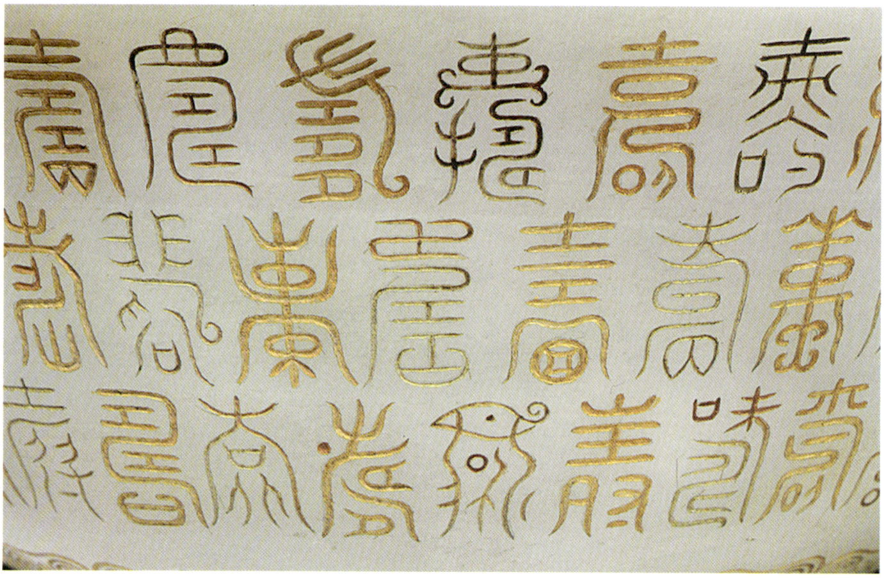

清乾隆 白色地套蓝色玻璃团寿字酒盅

清 银镀金刻万寿字柄匙

千叟宴的「寿星之王」

有清一代，参加千叟宴年岁最大、号称「寿星之王」的，是福建莆田人郭钟岳。郭钟岳，一六八一年生人，九十二岁才考中秀才，九十八岁时恩科乡试未中，后有闽浙总督三宝把他的事迹报告给了乾隆皇帝，乾隆皇帝有感他岁数这么大还一心考取功名，特「赏给举人，一体会试」。第二年，郭钟岳这个近百岁的老人还从福建赶往浙江亲自向南巡的乾隆皇帝谢恩，「加恩赏给进士」。乾隆四十九年，到海宁祭海神的乾隆皇帝又遇到专门来迎銮的一百零四岁高龄的郭钟岳，大为感动，特恩赏国子监司业职衔。

乾隆五十年，一百零五岁的郭钟岳受邀参加千叟宴，破例允许他和一品大员一桌，乾隆皇帝还亲自赐酒。其后据史料记载，乾隆五十五年，一百一十岁的郭钟岳仍然精神矍铄地活着，但是之后的几次千叟宴已经没有他的记载了，乾隆皇帝第二次千叟宴上的「寿星之王」换成了一百零六岁的熊国沛老人。

清雍正 黑漆描金百寿字碗

大清雍正年製

玉蝀

诏开恩科

康熙皇帝六旬万寿庆典时始设万寿恩科。康熙五十一年，有李长庚、陈大庆、查克弘等上疏，请求于次年万寿圣节各省士子云集京师之时，设立万寿经坛，建万寿碑亭，开万寿乡科与会科。这一提议在歌颂当今皇帝文治武功、盛世太平的同时，也可以帮助朝廷有力地拉拢文人、士人之心，所以很快得到了皇帝的许可，议定特开万寿乡科与会科。此后，每逢皇帝或皇太后万寿圣节均开恩科。

清人绘　乾隆皇帝朝服像轴

清乾隆 青玉
「八徵耄念之宝」

乾隆皇帝的「八徵耄念」

「八徵耄念」宝印、碧玉册、缂丝手卷都为乾隆皇帝八十万寿之时特制，八徵，是指《尚书·洪范》中帝王管理国家的八种政事「一曰食，二曰货，三曰祀，四曰司空，五曰司徒，六曰司寇，七曰宾，八曰师」，分别指管理国家的粮食、财务、祭祀、居民、教育、治安、朝觐、军事。耄，指八九十岁的年纪。乾隆皇帝做此一系列器物，为了表达自己年逾八旬依旧不敢怠慢政务，敬天爱民，同时告诫子孙要勤政，以期王朝永祚。

清乾隆　碧玉
《八徵耄念之宝记》册（附盒匣）

清乾隆　缂丝御笔
八徵耄念之宝记卷

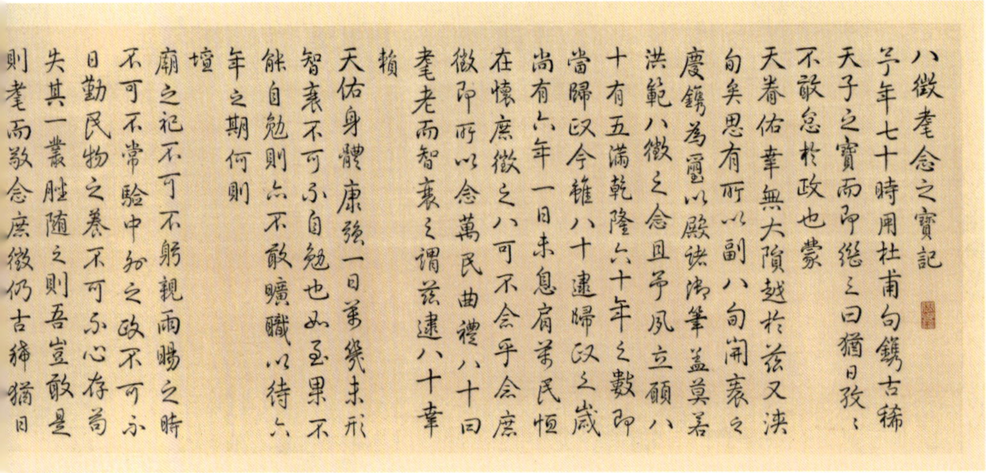

八徵耄念之寶記
予年七十時用杜甫句鐫古稀
天子之寶而即繼之曰猶日孜孜
不敢怠於政也蒙
天眷佑幸無大隕越於茲又浃
旬矣思有所以副八旬開袠之
慶鐫為璽以殿此御筆蓋莫若
洪範八徵之念且予夙立願八
十有五滿乾隆六十年之數即
當歸政今雖八十逮歸政之歲
尚有六年一日未息肩萬民恒
在懷庶徵之八可不念乎念庶
徵即所以念萬民曲禮八十曰
耄老而智衰之謂茲逮八十章
賴
天佑身體康強一日萬幾未形
智衰不可不自勉也如其果不
能自勉則亦不敢曠職以待六
年之期何則
壇
廟之祀不可不躬親雨暘之時
不可不常驗中和之致不可不
日勤民物之養不可不心存茍
失其一叢脞隨之則吾豈敢是
則耄而敬念庶徵仍古稀猶日

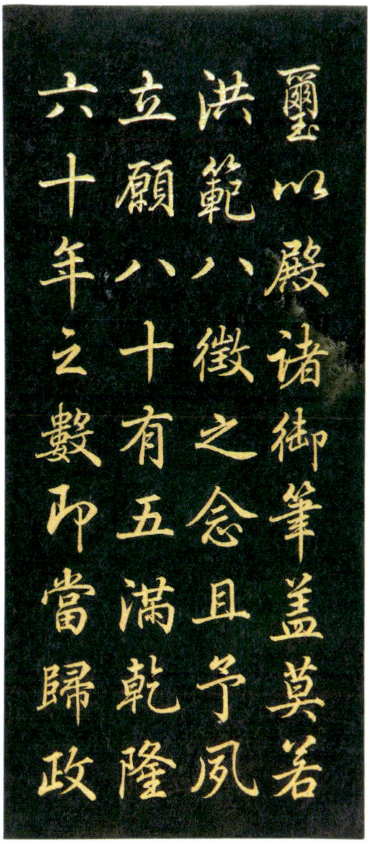
璽以殿諸御筆蓋莫若
洪範八徵之念且予夙
立願八十有五滿乾隆
六十年之數即當歸政

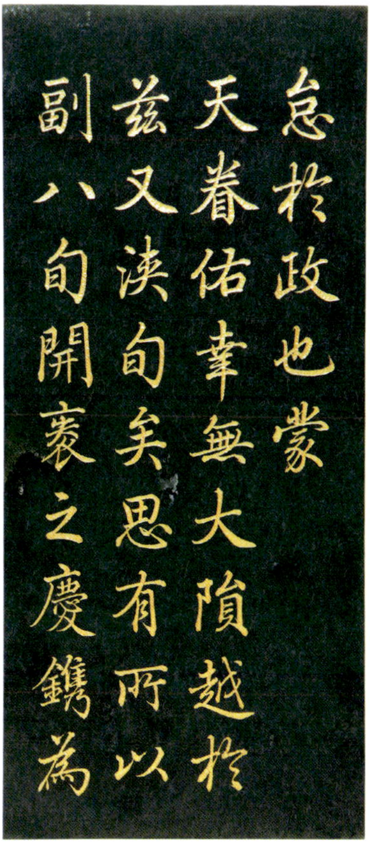
怠於政也蒙
天眷佑章無大隕越於
茲又浹旬矣思有所以
副八旬開袠之慶鐫為

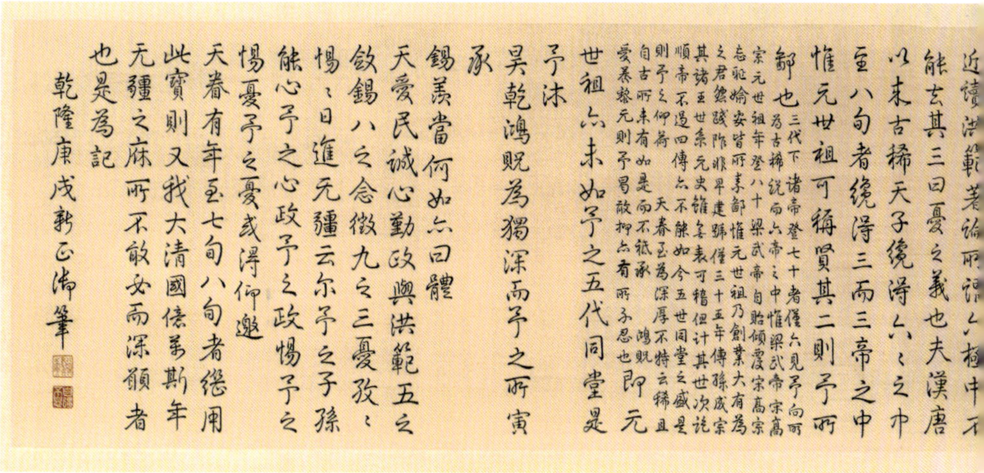
近讀洪範著論所謂六極中不
能去其三曰憂之義也夫漢唐
以來古稀天子纔得六人之中
至八旬者纔得三而三帝之中
惟元世祖可稱賢其二則予所
鄙也
三代下諸帝登七十者僅六見予向所
為古稀說而六帝之中惟梁武帝宋高
宗元世祖年登八十梁武帝自貽傾覆宋高宗
忘恥偷安皆所素鄙惟元世祖乃創業大有為
之君然踐阼非早建號僅三十五年傳孫成宗
其諸五世系元史雖多表可稽但計其世次說
順帝不過四傳亦不能如今五世同堂之盛是
則予之仰蒙 天眷至為深厚不特云稀且
自古所未有如是而不祇承 鴻貺
愛養黎元則予曷敢抑亦有所弗忍也
即元
世祖亦未如予之五代同堂是
予沐
昊乾鴻貺為獨深而予之所寅
承
錫羡當何如亦曰體
天愛民誠心勤政與洪範五之
欽錫八之念徵九之三憂孜孜
惕惕日進無疆云爾予之子孫
能心予之心政予之政惕予之
惕憂予之憂我得仰邀
天眷有年至七旬八旬者繼用
此寶則又我大清國億萬斯年
無疆之庥所不敢必而深願者
也是為記
乾隆庚戌新正御筆

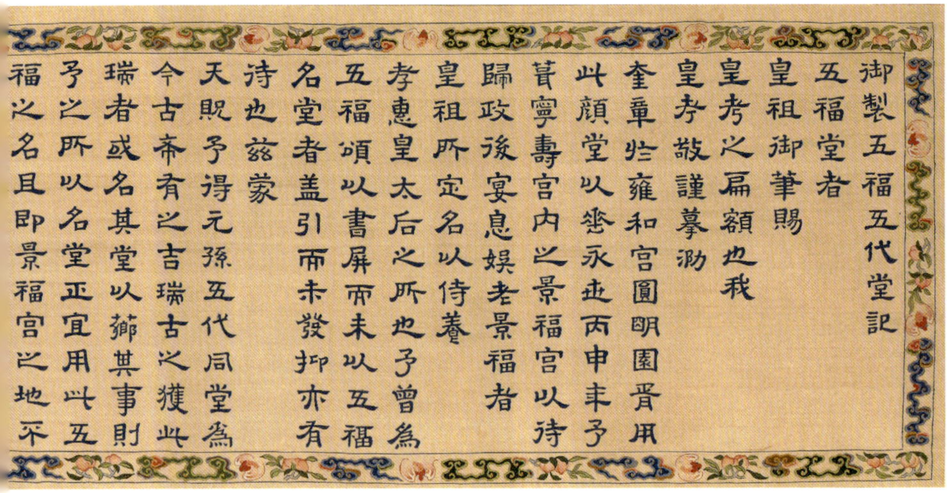
御製五福五代堂記
五福堂者
皇祖御筆賜
皇考之扁額也我
皇考敬謹摹泐
奎章於雍和宮圓明園胥用
此顏堂以垂永世丙申年予
葺寧壽宮内之景福宮以待
歸政後宴息娛老景福者
皇祖所定名以侍養
孝惠皇太后之所也予曾為
五福頌以書屏而未以五福
名堂者蓋引而未發抑亦有
待也茲蒙
天貺予得元孫五代同堂為
今古希有之吉瑞古之獲此
瑞者或名其堂以錫其事則
予之所以名堂正宜用此五
福之名且即景福宮之地不

清乾隆 缂丝董诰书《御制五福五代堂记》卷

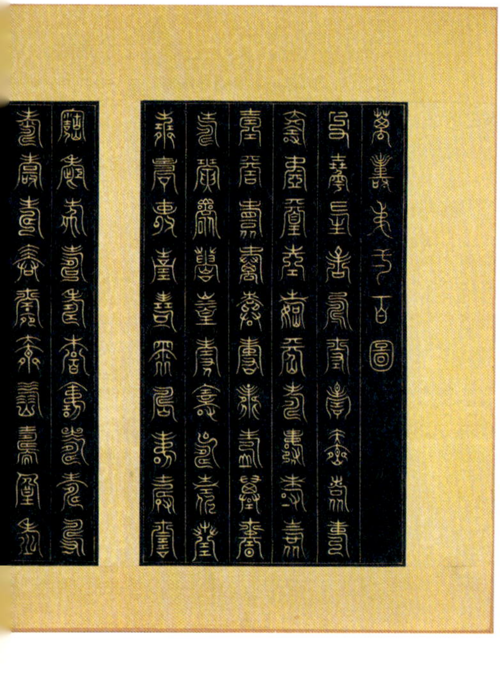

何为「五福五代」

五福五代堂，在故宫景福宫，原是康熙皇帝侍养皇太后（孝惠章皇后）所建，也是乾隆皇帝执政满六十年归政之所。乾隆皇帝在景福宫喜得玄孙，五代同堂，是古今罕有的吉兆，于是题景福宫匾为「五福五代堂」。所谓五福，是指长寿、富贵、健康、安宁、美德、善终。

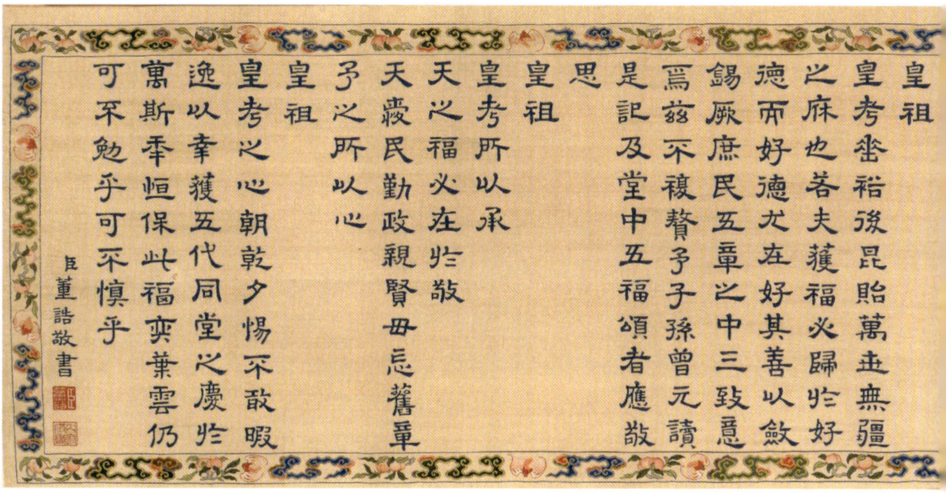
皇祖
皇考垂裕後昆貽萬年無疆
之庥也若夫獲福必歸於好
德而好德尤在好其善以斂
錫厥庶民五章之中三致意
焉茲不複贅予子孫曾元讀
是記及堂中五福頌者應敬
思
皇祖
皇考所以承
天之福必在於敬
天愛民勤政親賢毋忘舊章
予之所以心
皇祖
皇考之心朝乾夕惕不敢暇
逸以幸獲五代同堂之慶於
萬斯年恒保此福奕葉雲仍
可不勉乎可不慎乎
臣董誥敬書

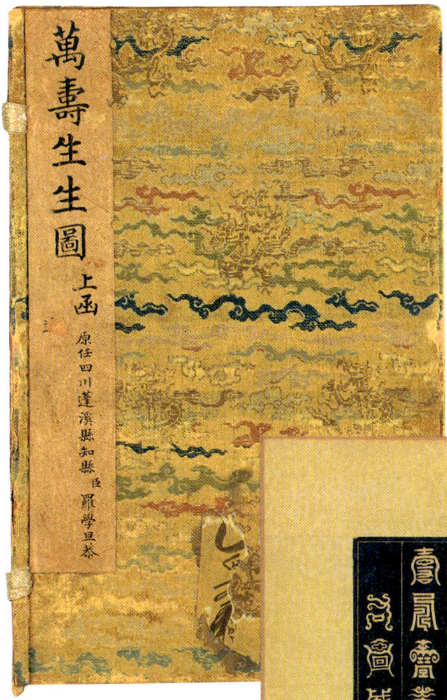

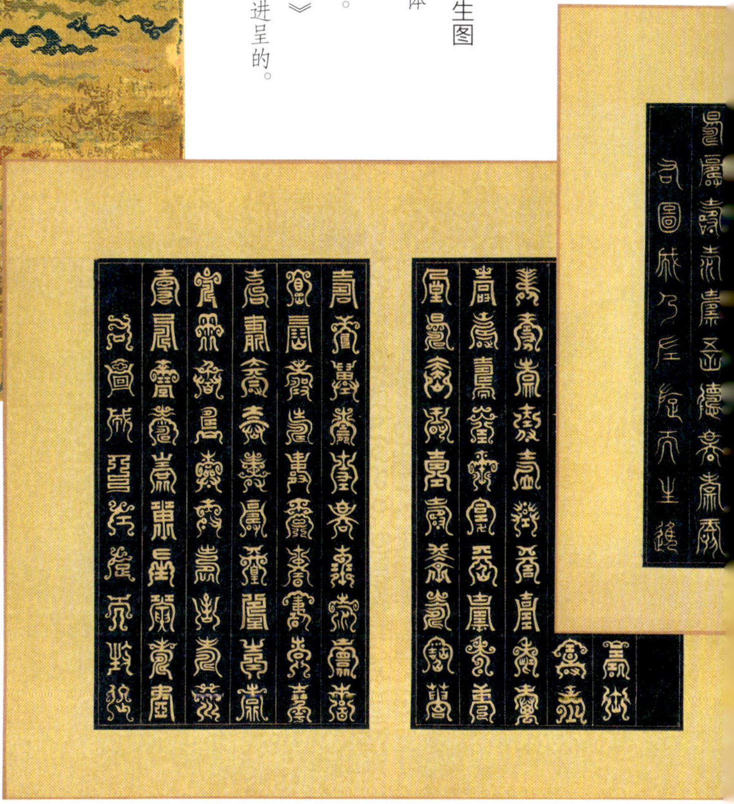

清乾隆　罗学旦　万寿生生图

《万寿生生图》是一部篆体「寿」字书法集。共五册，每半开六行，每行十个字。乾隆朝这本《万寿生生图》是四川蓬溪县知县罗学旦进呈的。

清康熙　釉里红百寿字笔筒

清 象牙雕桃蝠盖碗

清 金漆团寿字碗

识文描金工艺

识文描金是指用漆灰堆作阳线花纹或平地堆起显现阴线花纹，花纹与漆地同一颜色的髹饰技法。这种髹饰技法使得器物上的纹饰高出器物表面，增强了立体感。就故宫博物院藏金漆团寿字碗来说，红褐色的底漆映衬下，用识文描金技法凸显出的团寿字愈发显得耀眼夺目，更加体现了皇家用器的讲究与奢华。

档案记载中的「万岁长春」碗

乾隆四十五年二月初九日，太监厄勒里交红雕漆碗一件，传旨：照漆碗大小样款四面留圆光画样，圆光内着梁国治写「万岁长春」篆字呈览，准时交全德成做，其金里、金底京内镶嵌。钦此。

于本日照做雕漆碗大小样款画得四面圆光花纹，梁国治写「万岁长春」篆字样呈览。奉旨：照样交全德成做四件，是俟杭州回来时交给全德做样。钦此。

清 剔红「万岁长春」盖碗

那些恩科得中的才子

要论恩科得中的才子，首推王杰。王杰，陕西韩城人。乾隆二十六年崇庆皇太后七旬万寿恩科，会试中第十名进士，殿试名列第三。后被乾隆皇帝以「陕西百余年来未有状元」将他拔至第一，授翰林院修撰。王杰历事两朝，为相十载，以忠直深得皇上信任，最出名的事迹就是在和珅倒台后出任主审官，严明执法，严惩了和珅。

另一位恩科才子是张謇，初名吴起元，江南通州（江苏南通）人。清光绪二十年慈禧六十大寿恩科中状元，授翰林院修撰，时年四十二岁。后来，张謇走上了「实业救国」的道路。

最后一位恩科才子是「最后一位状元」刘春霖，清光绪三十年为庆祝慈禧太后七十寿辰特设恩科，刘春霖得中状元。但是其中状元后的第二年就废除了科举考试，故刘春霖自称「第一人中最后人」。

清人绘　乾隆八旬万寿图卷（局部）

萬壽經壇
直省督撫
提鎮等在
此雙關帝
廟恭祝

徽班进京

万寿圣节，京城一派衢歌巷舞的欢乐景象，乾隆皇帝八旬万寿时，徽班进京演出，就此孕育出了中国的国粹艺术——京剧。

康熙五十二年的康熙六旬万寿节，自畅春园至紫禁城神武门沿途，戏台相望，笙歌悠扬，「辇道所经数十里内，结彩张灯，杂陈百戏」。乾隆年间的崇庆皇太后六旬、七旬、八旬圣寿亦大演戏剧。

《万寿图》中的寿安宫

乾隆十六年，为庆祝崇庆皇太后六旬万寿，乾隆皇帝特意在寿安宫搭建了三层大戏台。乾隆二十六年，崇庆皇太后七旬万寿，还是在寿安宫，又临时性的重建了戏台。

乾隆五十五年，乾隆皇帝八旬万寿节，三庆徽班首先进京献艺。演出后，获得了京城市民的喜爱，立稳了脚跟。此后，四喜、春台、和春三戏班陆续进京。自此，徽班压倒昆腔、弋阳腔等，但同时亦吸收昆弋精华，又经过与诸腔调的交融、调整以适应京师朝野观众的欣赏品位，最终完成了本地化——「京化」。

寿安宫

清人绘　平定台湾战图册之「清音阁凯宴将士」

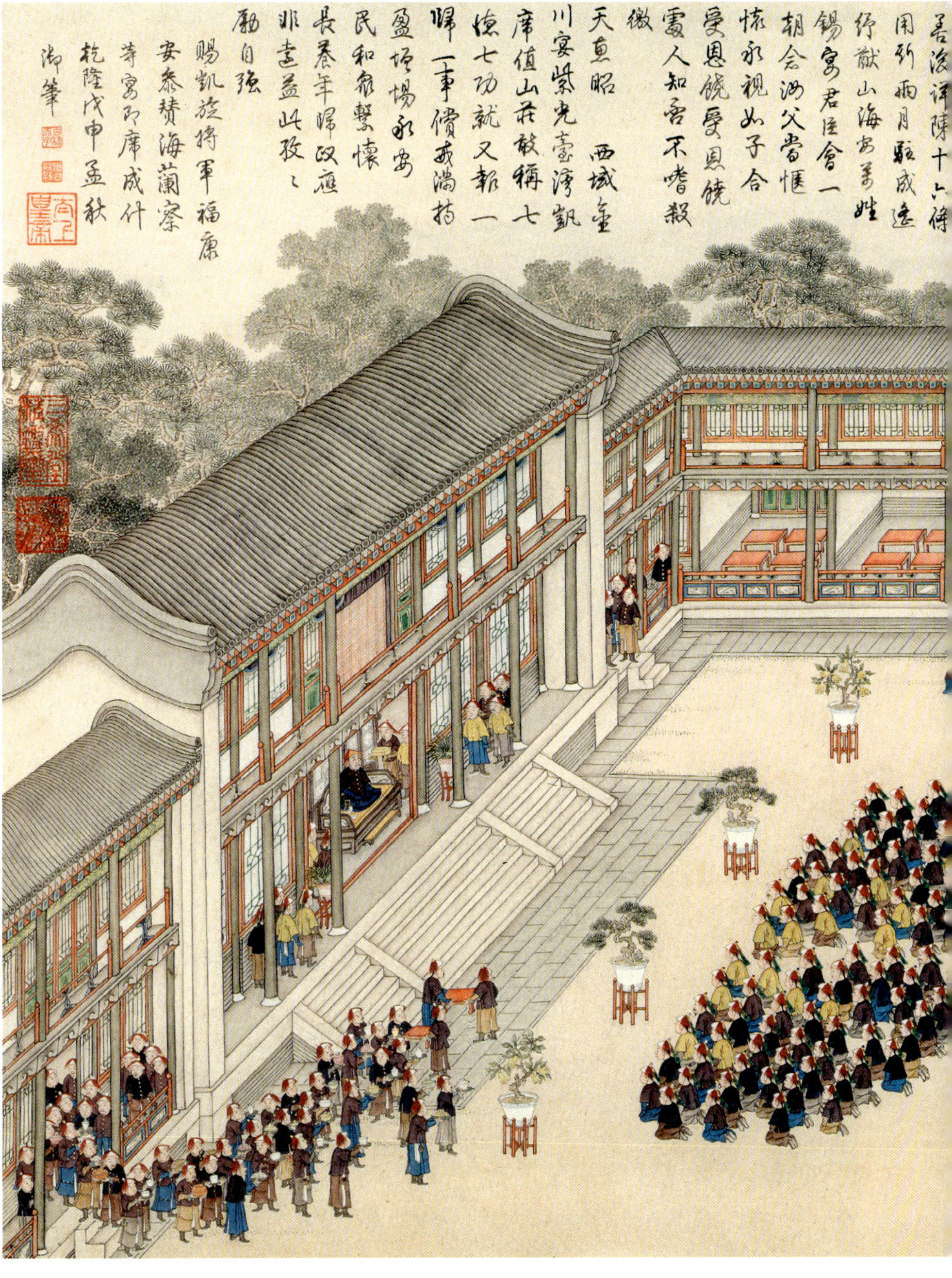

畅音阁三层大戏楼

昇平宝筏

主要根据世德堂刊本小说《西游记》增删、引改、调换，同时吸纳之前西游故事戏剧的诸多成果。所谓「昇平宝筏」，就是以不犯忌讳的神怪题材故事作为统治者的「宝筏」，普度苍生，扫除邪魅。演绎这出大戏，需要三层大戏台，同台呈现天宫、佛界、仙界。

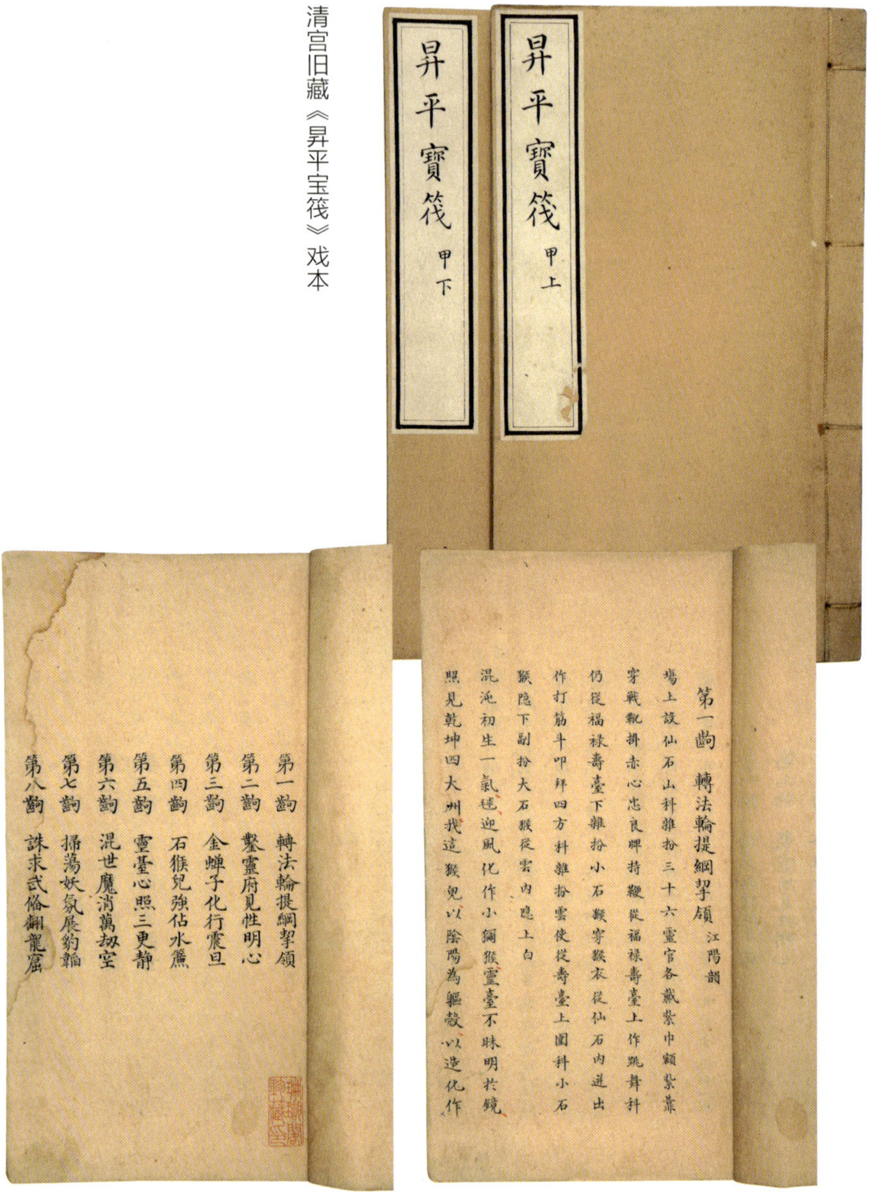

清宫旧藏《昇平宝筏》戏本

芝眉介寿

本剧演的是南极星君率领众位星君进京献瑞，一路之上观览大千世界人和岁美，民安物阜，一派升平景象。至御宴前，南极仙童呈献万年灵芝，灵芝又变为「福、禄、寿」字样。其中，「灵芝变字」是场面戏，「福、禄、寿」三个字都由演员排列而成，「福」字用三十一人，「禄」字用三十一人，「寿」字用三十二人。

清宫旧藏《芝眉介寿》戏本

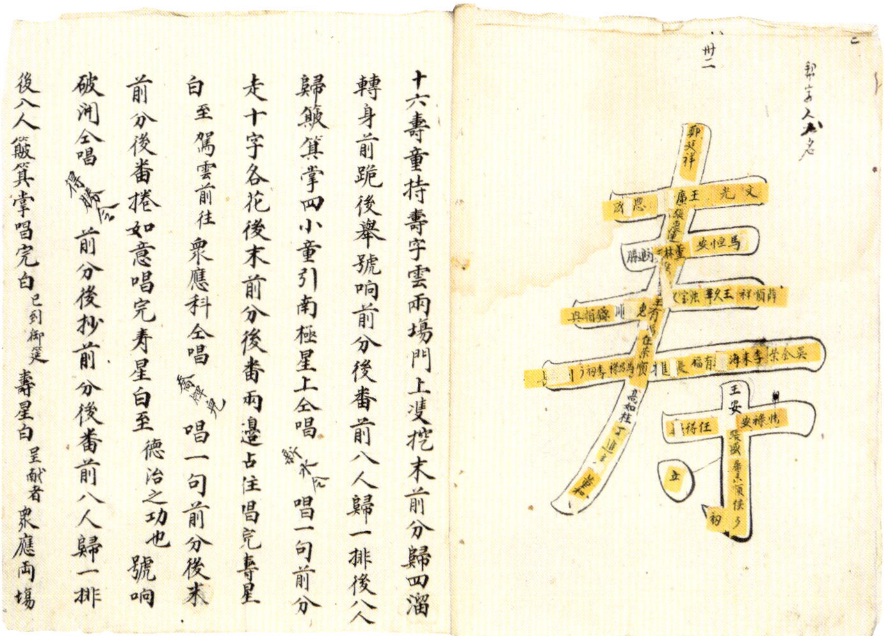

十六壽童持壽字雲兩場門上渡挖末前分歸四溜
轉身前跪後摹號响前分後番前八人歸一排後八人
歸簸箕掌四小童引南極星上仝唱 唱一句前分
走十字各花後末前分後番兩邊占住唱完壽星
白至駕雲前往衆應科仝唱 唱一句前分後末
前分後番捲如意唱完壽星白至德治之功也號响
破涧仝唱 前分後抄前分後番前八人歸一排
後八人簸箕掌唱完白已到御庭 壽星白呈献者 衆應兩場

清　白色缎绣麒麟纹门神铠
乾隆皇帝八十寿诞所演
《昇平宝筏》中「门神」所穿

螽斯衍庆

本剧演绎的是九天圣母召保护麟趾婴儿的送圣郎君同往神州，呈献螽斯麟趾之祥，以兆六宫子孙繁衍兴旺。又有天福、天寿二位星君同行，敬襄盛事。

本剧是清代宫廷庆典承应戏中「皇太后万寿圣诞承应」、「皇帝万寿圣诞承应」、「皇后千秋承应」剧目之一，乾隆皇帝六旬万寿曾演出此剧。

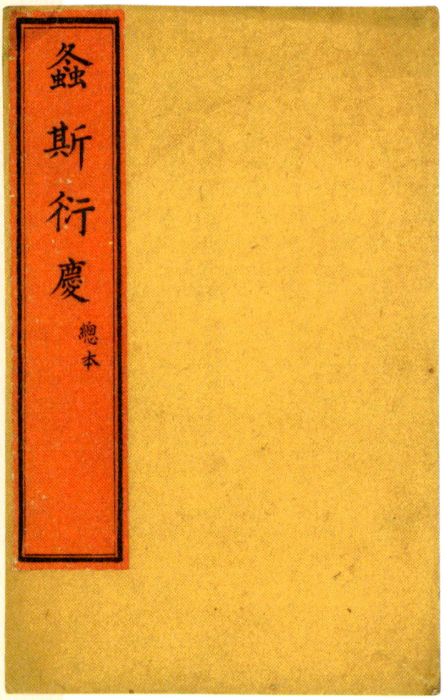

清宫旧藏《螽斯衍庆》戏本

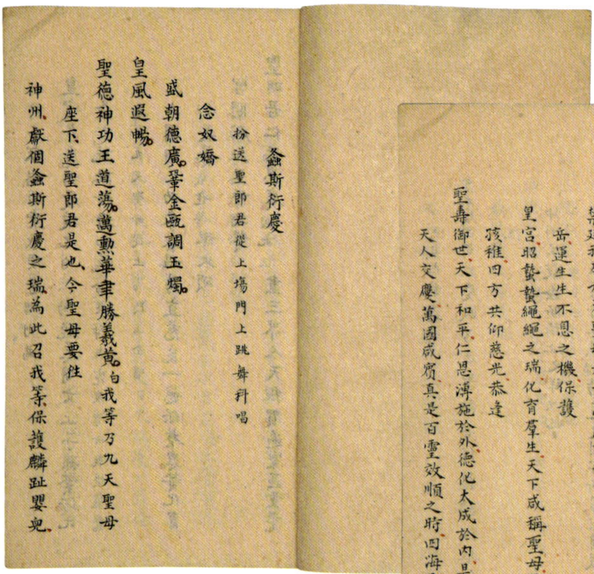
螽斯衍慶
扮送聖郎君從上場門上跳舞科唱
念奴嬌
盛朝德廣。肇金甌調玉燭。
皇風遐暢。
聖德神功王道蕩。邁勲華聿勝羲黃。白 我等乃九天聖母
座下送聖郎君是也。今聖母要往
神州。獻個螽斯衍慶之瑞。為此召我等保護麟趾嬰兒。

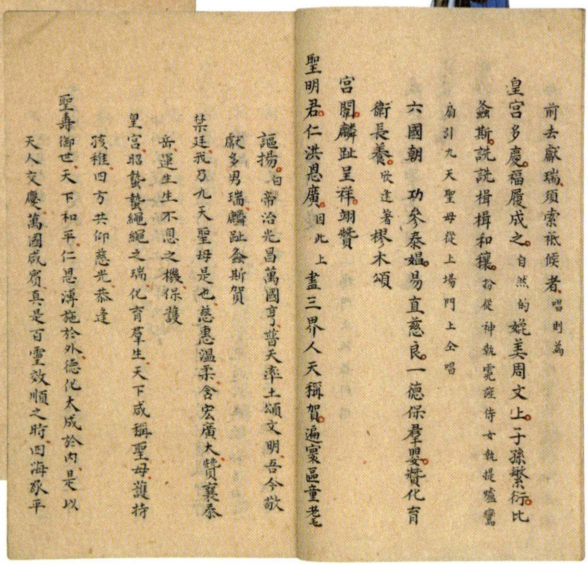
前去獻瑞。須索祇候者。唱 則為
皇宮多慶福履成之。自然的姬美周文上。子孫繁衍比
螽斯詵詵揖揖和穰。扮從神執霓旌侍女執提爐鸞
扇引九天聖母從上場門上仝唱
六國朝 功參泰媪。易直慈良。一德保羣嬰。贊化育
衛長養。欣逢着樛木頌
宮闈麟趾呈祥。翊贊
聖明君仁洪恩廣。因此上 盡三界人天稱賀。遍寰區童耄
謳揚。白 帝治光昌。萬國亨。普天率土頌文明。吾今欲
獻多男瑞麟趾螽斯賀
禁廷。我乃九天聖母是也。慈惠溫柔。含宏廣大。贊襄泰
岳運生生不息之機。保護
皇宮昭贊贊繩繩之瑞。化育羣生。天下咸稱聖母。護持
孩穉。四方共仰慈光。恭逢
聖壽御世。天下和平。仁恩溥施於外。德化大成於內。是以
天人交慶。萬國咸賓。真是百靈效順之時。四海承平

百福骈臻

「骈臻」表示聚集，本剧表演的是福德星主率众仙童恭诣御前，手执神旗、福字幡、红蝠和青瓶（寓意洪福清平），献万福攸同之舞以显寿征。众神同声歌颂皇帝的文治武功、开疆辟土、修堤通渠、体恤民情、出资赈灾等治国政绩。

本剧是清代宫廷庆典承应戏中「万寿圣诞承应」剧目之一。

清宫旧藏《百福骈臻》戏本

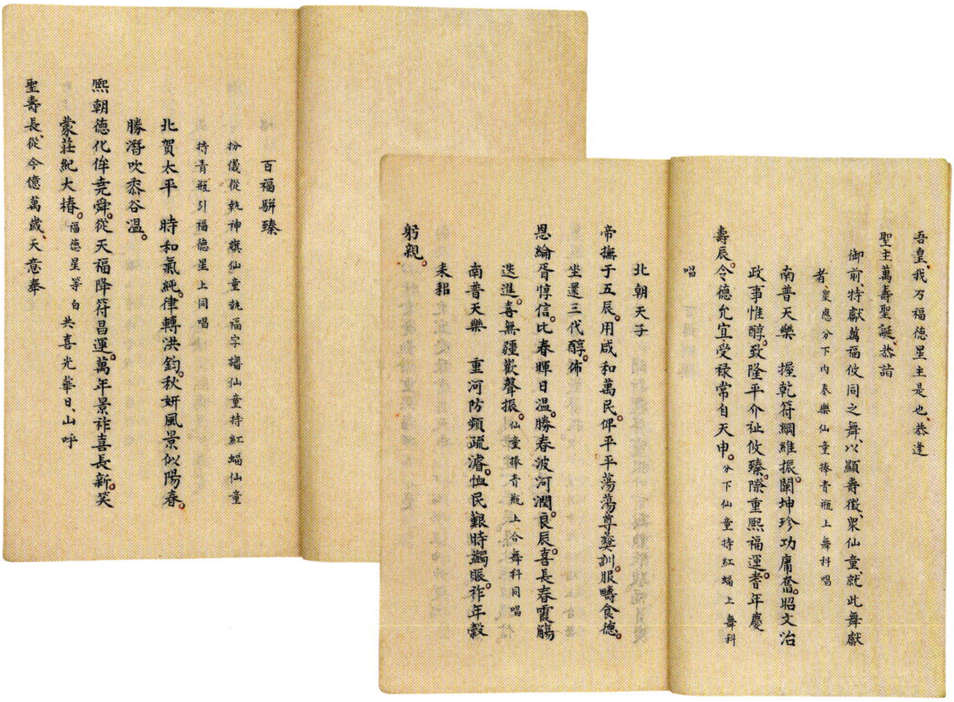

百福駢臻
扮儀從執神旗仙童執福字旛仙童持紅蝠仙童持青瓶引福德星上同唱
北賀太平　時和氣純。律轉洪鈞。秋妍風景似陽春。
勝潛吹黍谷温。
熙朝德化侔堯舜。從天福降符昌運。萬年景祚喜長新。笑
蒙莊紀大椿。福德星等白
聖壽長、從今億萬歲、天意奉共喜光華日、山呼

吾皇、我乃福德星主是也、恭逢
聖主萬壽聖誕、恭詣
御前、特獻萬福攸同之舞、以顯壽徵、衆仙童就此舞獻者、衆應分下內奏樂仙童捧青瓶上舞科唱
南普天樂　握乾符綱維振。闡坤珍功庸奮。昭文治政事惟醇。致隆平介祉攸臻。際重熙福運耆年慶壽辰。令德允宜受禄常自天申。分下仙童持紅蝠上舞科唱
北朝天子
帝撫于五辰。用咸和萬民。俾平平蕩蕩尊彜訓。服疇食德恩綸。晉惇信。比春暉日温。勝春波河潤。良辰喜長春霞觴迭進。喜無疆歡聲振。仙童捧青瓶上合舞科同唱
南普天樂　重河防頻疏濬。恤民艱時蠲賑。祚年穀未耜躬親。

虞庭集福

本剧唱的是珍禽异兽移居上兰山繁衍不息，神仙清平吉（曾经是汉高祖的卫卒，后来羽化升仙）欲捉养白鹿，结果被驺虞（中国古代神话传说中的仁兽，虎躯猊首，白毛黑纹，尾巴很长，生性仁慈，连青草也不忍心践踏，非自然死亡的生物不吃）率众兽打败。东华木公（东王公）和西池金母（西王母）率诸神仙恭诣神州请和皇太后万寿圣诞。吴刚呈献月中丹桂，天宫玉女手捧千年宝莲歌舞，驺虞、白鹿、赤熊、九尾狐、白雉、白狼（祥瑞之兽）尽皆显现。众神齐唱皇太后贤德仁淑、百灵归顺，万物呈祥。

本剧是清代宫廷庆典承应戏《九九大庆》中「皇太后万寿圣诞承应」剧目之一。

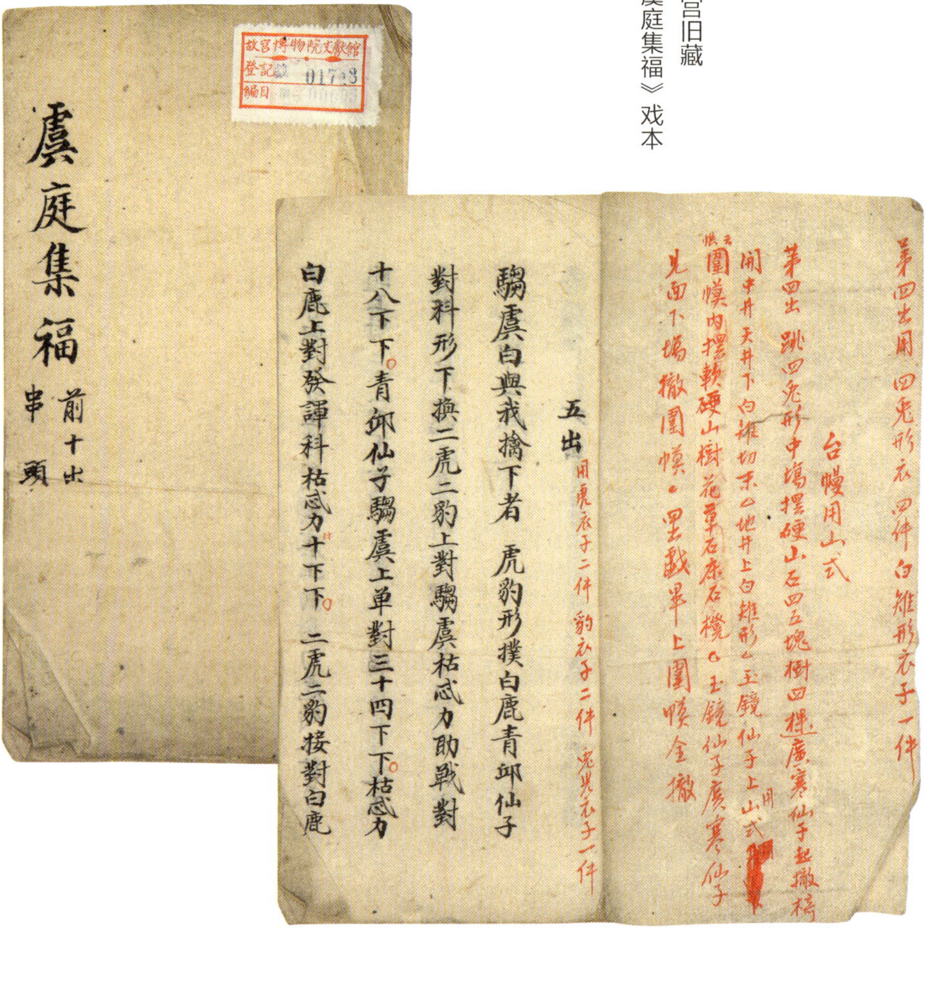

清宫旧藏
《虞庭集福》戏本

清宫旧藏《福禄寿》戏本

本剧是清代宫廷庆典承应戏中「万寿圣诞承应」剧目之一，有「皇帝万寿承应」、「皇太后万寿承应」「皇贵妃千秋承应」三种写本。

清乾隆 缂丝三星图轴

诗塘为乾隆御笔「锡羡增龄」，下方缂丝皇子永瑆敬书《御制三星图颂》。

清　杏黄色缎绣蝠桃
十团寿字纹寿星衣
《福禄寿》中「寿星」所穿，
《封神天榜》中的
南极仙翁也穿此衣。
衣服上的蝙蝠、
寿桃都是多福多寿之意。

清宫旧藏《八仙庆寿》戏本

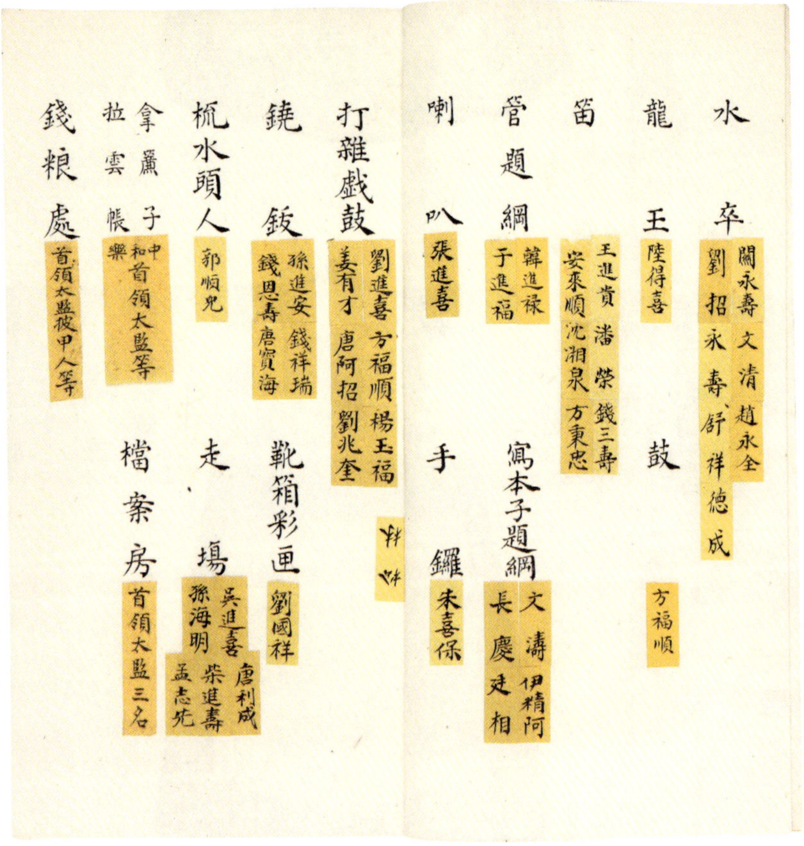

清　碧玉八仙庆寿图笔筒

清　象牙雕刻群仙祝寿龙船

龙船分上、中、下三层，上层插龙凤旗、伞、盖；中层有福、禄、寿三星，船舱内有乐队，间又白猿献寿桃给西王母；下层为八仙，舱内也有乐手。

清 桃红色缎绣团荷鸟金双喜字纹八仙衣

这件戏衣是扮演八仙之一的「何仙姑」时需要穿的。

皇帝过生日都演什么戏？

帝后寿诞所演多为吉庆长寿之剧目，主要有《九九大庆》、《双星永寿》、《添筹称庆》、《佛仙会议》、《群仙祝寿》、《八仙祝寿》等等。

故宫博物院藏康熙《万寿庆典图》卷上画有很多戏台，展现了康熙五十二年三月十七日康熙皇帝大寿，从紫禁城神武门至海淀畅春园大道左右祝寿戏台上演戏的盛况。据朱家溍《〈万寿图〉中的戏曲表演写实》一文考证，画中共有戏台四十九座（并非每一台都在表演戏曲）。其中，庄亲王允禄府门外的大街上搭一座为皇父祝寿的戏台，台上演《安天会》中「北饯」一出。新街口附近正红旗祝寿戏台上演的是昆腔《白兔记·回猎》。东四旗前锋统领等祝寿戏台上演《醉皂》。都察院等祝寿戏台上演昆腔《浣纱记·回

营》。另有一台上演昆腔《邯郸梦·扫花》。在西直门内北广济寺前的礼部祝寿戏台上演的是昆腔《上寿》，正黄旗戏台演的也是《上寿》。

在西直门内崇元观西大理寺等衙门祝寿戏台上演的是弋腔戏《列宿遥临》。内务府正黄旗祝寿戏台上演的是昆腔《单刀会》。吏、户二部的戏台上有王母捧桃、麻姑持花篮。西直门外真武庙前是巡捕三营的祝寿戏台，台上演的是《金貂记·北诈》。广通寺前是长芦祝寿的戏台，上演的是昆腔《连环计·问探》，长芦的另一戏台则上演的是昆腔戏《虎囊弹·山门》。四川等六省祝寿戏台上上演的是《刘海戏金蟾》。浙江省祝寿戏台上演的是昆腔《邯郸梦·三醉》。直隶祝寿戏台上演的当是《玉簪记》中《问病》或《偷诗》。又一直隶戏台，上演昆腔《西厢记》中《游殿》一出。茶饭房祝寿戏台，演的可能是《双官诰》。

清　粉色缎绣花篮金双喜字纹八仙衣

这件戏衣是扮演八仙之一的「蓝采和」时需要穿的。

清　青色缎绣葫芦金团寿字纹八仙衣

这件戏衣是扮演八仙之一的「铁拐李」时需要穿的。

清　红色缎绣折枝花蝠金团寿字纹八仙衣

这件戏衣是扮演八仙之一的「汉钟离」时需要穿的。

清　雪青色缎绣墩兰蝶纹八仙衣

这件戏衣是扮演八仙之一的「韩湘子」时需要穿的。

清　拼各色缎绣折枝花蝶金双喜字纹八仙衣

这件戏衣是扮演八仙之一的「吕洞宾」时需要穿的。

清　香色缎绣彩云蝠金双喜字纹八仙衣

这件戏衣是扮演八仙之一的「张果老」时需要穿的。

清 掐丝珐琅暗八仙纹寿字香插

清人绘　群仙祝寿贴落

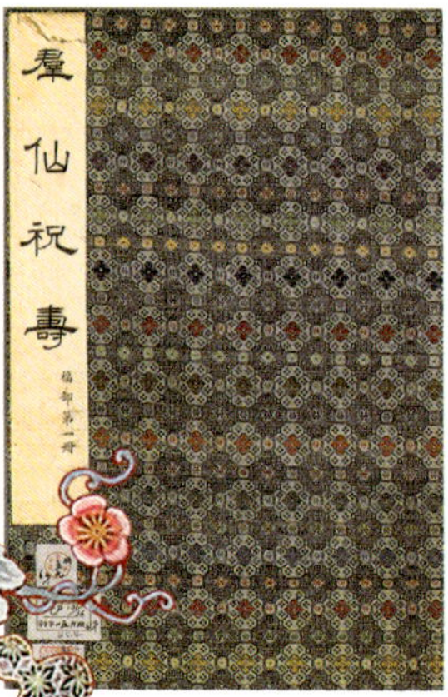

沈振麟、沈全等合绘
群仙祝寿图册（局部）

臣沈振麟恭畫

第二章

圣寿华章

崇庆皇太后钮祜禄氏，乾隆皇帝的生母，福寿双全，享寿八十六岁，是中国古代皇太后中少有的长寿者。其生辰为十一月二十五日，称「圣寿节」，届时必行庆贺之礼。逢旬大庆更是无与伦比，象征着清王朝的鼎盛与皇室的威严。

清人绘　崇庆皇太后朝服像轴

清人绘　崇庆皇太后半身像屏

被记录下的太后生日

乾隆十六年（一七五一年）崇庆皇太后六旬大庆，乾隆皇帝举办了首次隆重的庆寿典礼，并绘《万寿图》卷，非常写实地描绘出由万寿山昆明湖至紫禁城内寿安宫沿途设置的各式各样的庆寿点景、迎驾官员、皇帝仪仗等欢庆场景。这幅超过百米的长卷，由丁观鹏、张镐实地观摩后起稿，绘画则由苏州几十名画师共同完成，前后用了十年的时间。

清人绘 崇庆皇太后六旬像轴

清人绘　崇庆皇太后六旬万寿图卷（局部）

清 点翠镶料珠长寿字纹头花

清 银镀金福寿纹簪

清 青玉四寿字耳挖长簪

清 金镶伽南香嵌金丝寿字镯

清 翠雕蝶寿纹戒指

清 白玉镂雕双夔捧寿香囊

清康熙　香黄八团金寿字蓝云龙妆花缎女袷袍

清康熙 石青色八团金寿字彩云龙纹妆花缎女棉龙褂

清人绘　胪欢荟景图册之「九老作朋」

「九老作朋」系仿唐宋时期的香山九老会而成，是为皇太后七旬大庆新增的庆寿之举，从当朝诸王与在朝文臣（一班）、武臣（一班）、致仕诸臣（一班）各选九位七十岁以上老人，为「三班九老」，至西四牌楼、西安门一带恭迎皇太后为其祝寿。

乾隆二十六年崇庆皇太后七旬大庆，庆寿图定名为《胪欢荟景图》册，在皇太后七旬庆典结束后传旨让金廷标在白绢上绘制，乾隆三十六年绘画完成。

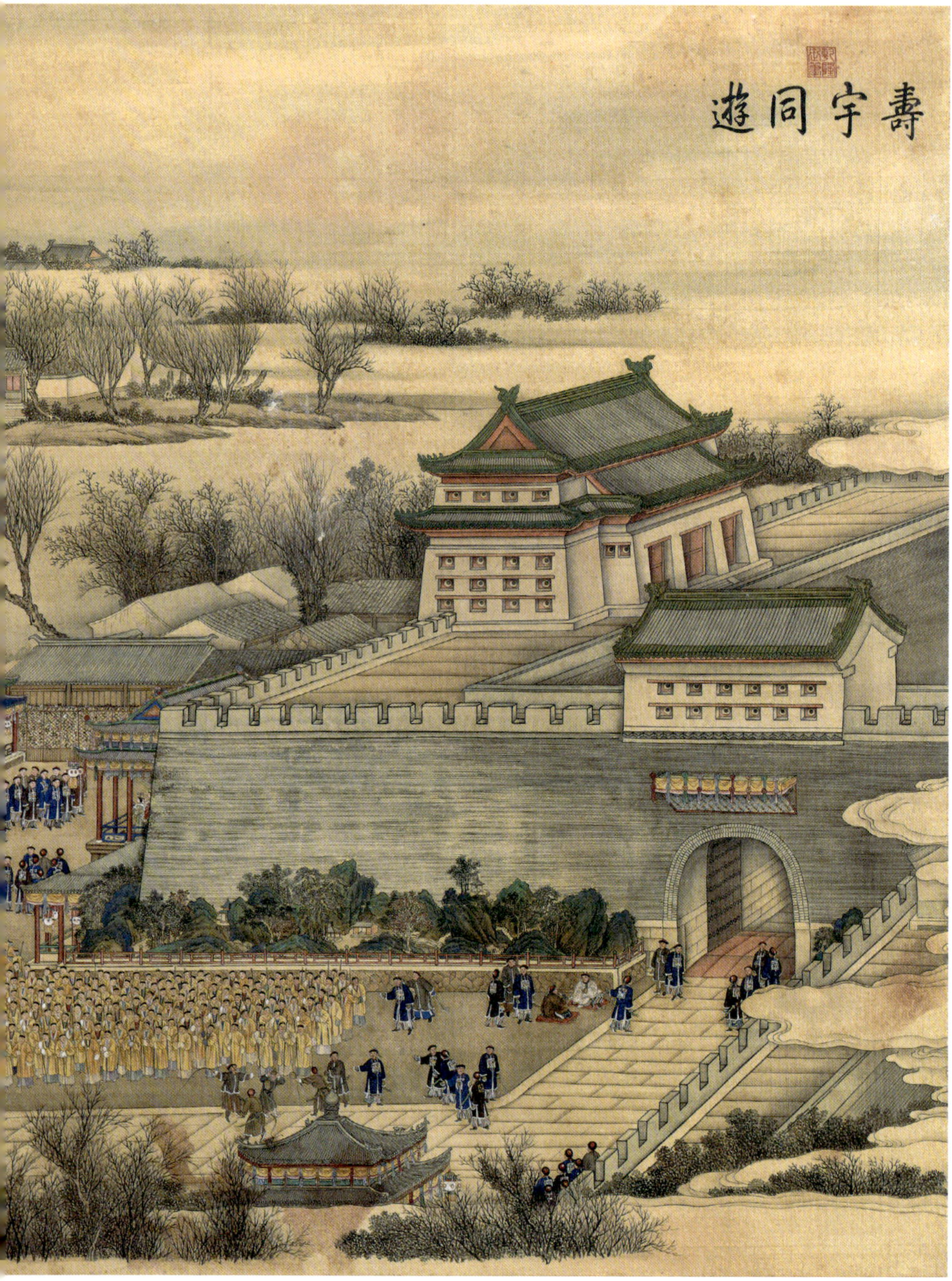

胪欢荟景图册之「寿宇同游」

图绘高亮桥、倚虹堂以及西直门一带官员恭迎皇太后的场景。

清人绘 胪欢荟景图册之「慈宁燕喜」

「慈宁燕喜」描绘了乾隆皇帝捧觞祝寿的场景。此图不仅首次同时出现皇帝和皇太后的形象，而且图绘出捧觞祝寿的瞬间：殿内乾隆皇帝的妃嫔于东西两侧各站立三排，殿外屋檐下陈设着中和韶乐，月台两侧亲王、皇子、皇孙、额驸等站立整齐，丹陛上设反坫（小型黄亭下放置筵宴所用酒具的桌案，为筵宴礼仪之一）及丹陛大乐。图绘布局与《大清会典》所载的礼仪制度完全符合。

崇庆皇太后五十寿辰吃什么？

乾隆六年十一月二十五日，崇庆皇太后五十岁生日，这是乾隆皇帝登基后第一次为母亲操办大寿，自然马虎不得。

十一月二十四至二十六日，宫中连续三天大摆喜庆寿宴，乾隆皇帝亲率后庭诸位阿哥、公主等轮班伺候皇太后进膳。寿宴规模为每日早、晚两次用膳，各摆膳九桌，奶皮敖尔布哈一桌，大寿桃一桌，干湿点心一桌，猪肉六方三桌，羊肉六方三桌，小食九桌，酒膳九桌。寿宴膳食名称都是由两朝老臣海望想出来的吉祥

清 填漆龙纹寿字宴桌

语，提前一个月共订出二百零一种食谱，起了二百四十八个吉祥膳名，有的菜甚至起了两个以上的吉祥菜名，可见费尽了心思。这些菜名有些很贴切，也有的难免牵强附会。中国第一历史档案馆藏有振奋珍贵的皇太后万寿食谱，分高头类、主食类、果品类、菜谱、汤类、酒类，从菜品上看花样繁多，营养均衡，完全照顾老年人的饮食习惯，不可谓不用心。

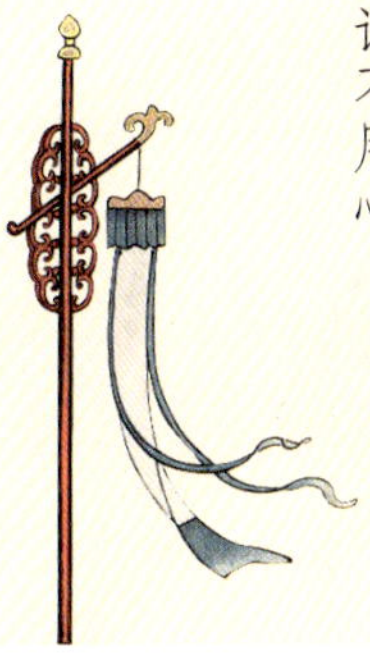

清光绪　银镀金寿字火碗

清光绪
银镀金寿字火锅

清 掐丝珐琅「万寿无疆」高足盘

清乾隆 画珐琅缠枝花卉纹“万寿无疆”盘

清康熙 金地蓝彩团寿纹盅

乾隆三十六年崇庆皇太后八旬大庆，庆寿图以贴落形式出现，定名为《崇庆皇太后八旬万寿图》贴落。该图描绘的是乾隆三十六年十一月二十五日乾隆皇帝于慈宁宫为母亲庆寿的场景。就在慈宁宫贺寿的四天之后，乾隆皇帝即传旨让姚文瀚画「慈宁宫大画一幅」。

清人绘 胪欢荟景图册之「万国来朝」
图绘太和门前万国来朝，人头攒动的场景。

时过半年，姚文瀚画稿完成，呈乾隆皇帝御览后很是满意，没有修改意见，只是命周本、伊兰泰完成绘画（伊兰泰正是协助艾启蒙绘皇太后八旬朝服像之人）。乾隆三十七年十二月初十日，八旬万寿图画好，张贴在寿安宫中。

清人绘 胪欢荟景图册之「回人献伎」

图绘海淀一带，回人走绳索、踩高跷等表演项目。

清　姚文瀚　崇庆皇太后万寿图贴落

绘画定格在彩衣躬舞、捧觞上寿之后。殿内地平上太后端坐在宝座上享受着筵宴，乾隆皇帝侧坐在母亲身帝，东西次间为乾隆皇帝的妃嫔等，殿外月台上为皇子、皇孙们。屋檐下设中和韶乐，丹陛上设反坫，反坫的下方设丹陛大乐，左右边缘则为燕飨乐队及跳喜起舞的人员。场面宏大，祥和喜庆，所绘人物约一百八十余人。

清人绘　崇庆皇太后八旬像轴

崇庆皇太后万寿图帖落（局部）

庆寿图中的故事

乾隆十六年，崇庆皇太后首次逢旬圣寿大庆，给世人留下了深刻的印象：从万寿山脚下到紫禁城的西华门，沿途随处可见身着蟒袍的各级官员、远道而来的献宝人，琳琅的商铺、搭盖的戏台、演奏的乐班，各式景观令人目不暇接。百姓倾城出动，欣赏表演，观览点景，啧啧称奇。

皇太后寿辰在十一月二十五日。乾隆十六年届六十慈寿，中外臣僚纷集京师，举行大庆。自西华门至西直门外之高梁桥，十余里中，各有分地，张设灯彩，结撰楼阁。天街本广阔，两旁遂不见市廛，锦绣山河，金银宫阙，剪彩为花，铺锦为屋，九华之灯，七宝之座，丹碧相映，不可名状。每数十步间一戏台，南腔北调，备四方之乐，侲童妙伎，歌扇舞衫，后部未歇，前部已迎，左顾方惊，右盼复眩，游者如入蓬莱仙岛，在琼楼玉宇中，听霓裳曲，观羽衣舞也。其景物之工，亦有巧于点缀而不甚费者，或以色绢为山岳形，锡箔为波涛纹，甚至一蟠桃大数间屋，此皆粗略不足道。

——赵翼《檐曝杂记》卷一「庆典」

清乾隆　崇庆皇太后上徽号玉册

清　碧玉寿星骑鹿进寿图山子

清 白玉双猿献寿图山子

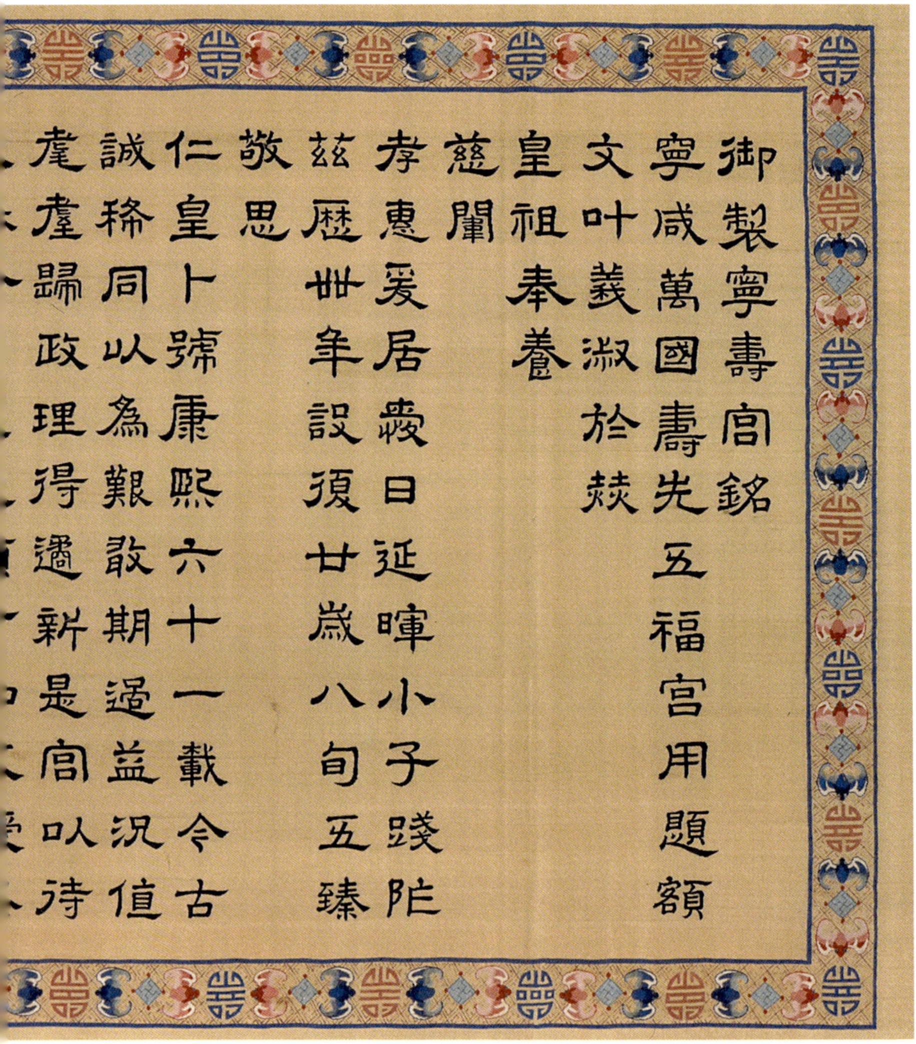

清乾隆　缂丝御制宁寿宫铭卷

文中记述了宁寿宫沿革、修建状况、修建目的，体现出乾隆皇帝以苍生为念，「万民同寿」的治国理念。

钱德明写给阿拉尔神父的信

在中国，大摆排场地为皇太后的六十寿诞祝寿则是一种古老的习惯，在该太后达到这一年龄的数月之前，京师的所有部院、所有总督和帝国的所有要员，都奉命为所规定的庆典作准备，这是中国举行的最辉煌的庆典之一。北京和附近各省的所有画家、雕塑家、建筑工和

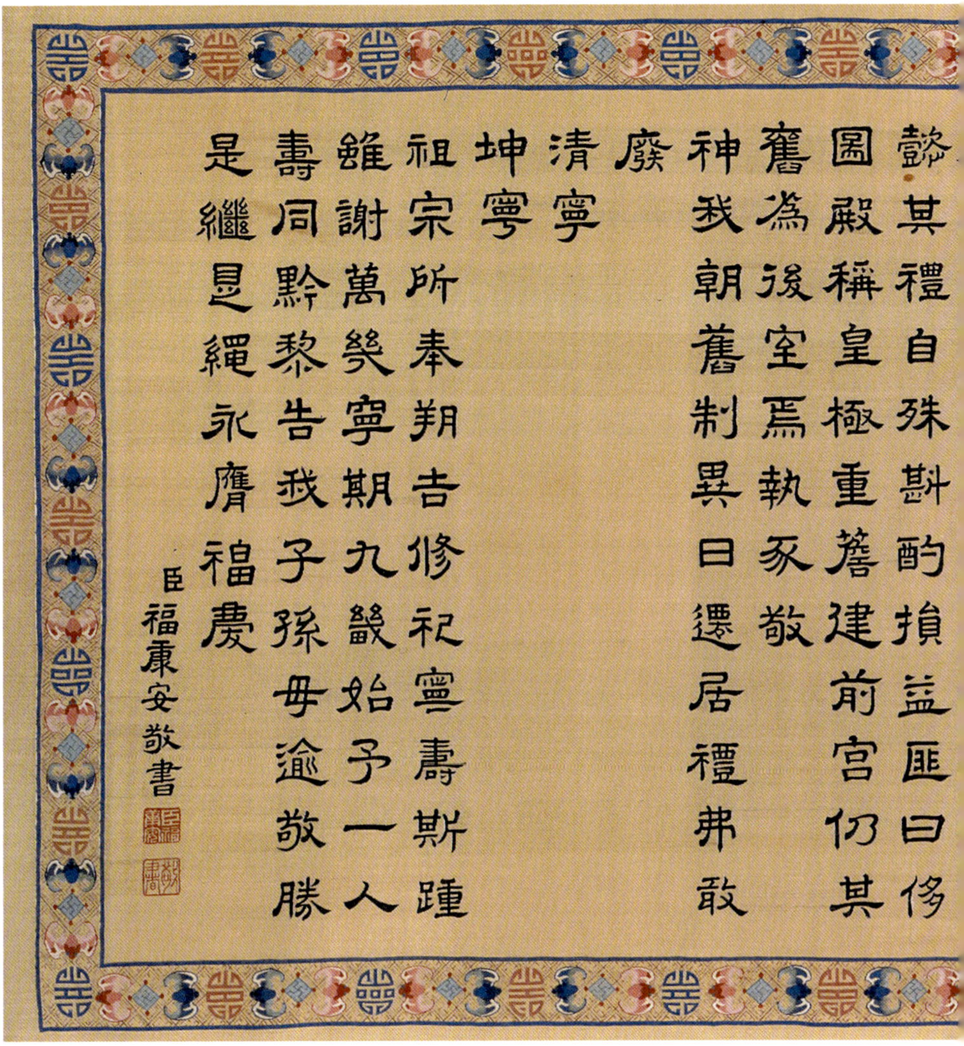
懿其禮自殊斟酌損益匪曰侈
圖殿稱皇極重簷建前宮仍其
舊為後室焉執豕敬
神我朝舊制異日遷居禮弗敢
廢
清寧
坤寧
祖宗所奉朔吉修祀寧壽斯踵
雖謝萬幾寧期九齡始予一人
壽同黔黎告我子孫毋逾敬勝
是繼是繩永膺禧慶
臣福康安敬書

木工，在连续的三个月中，一直地在不停地为此忙碌，以各自完成其行业中的代表作。其他许多匠人也在忙着他们各自的活计。这里是指建造能满足一个爱挑剔和骄奢淫逸的朝廷之眼福的物品。

——《耶稣会士中国书简集》

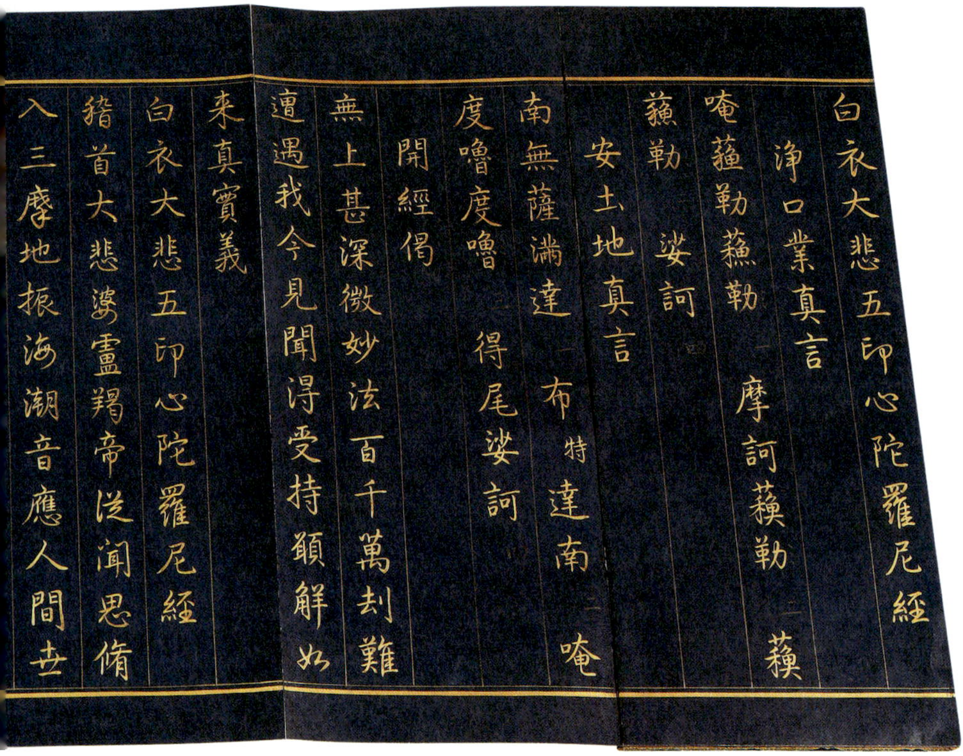

清乾隆
御笔《白衣大悲五印心陀罗尼经》

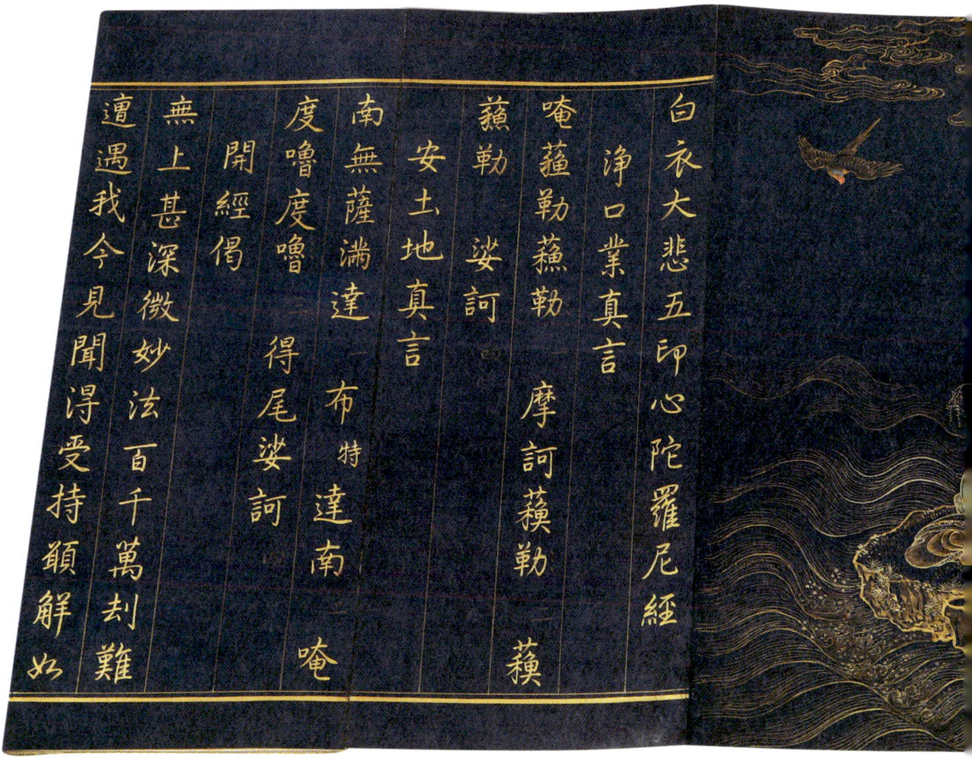
白衣大悲五印心陀羅尼經
淨口業真言
唵蘓勒蘓勒　摩訶蘓勒一蘓
勒　娑訶四
安土地真言
南無薩滿達一　布特達南二　唵
度嚕度嚕三　得尾娑訶四
開經偈
無上甚深微妙法百千萬刦難
遭遇我今見聞得受持願解如

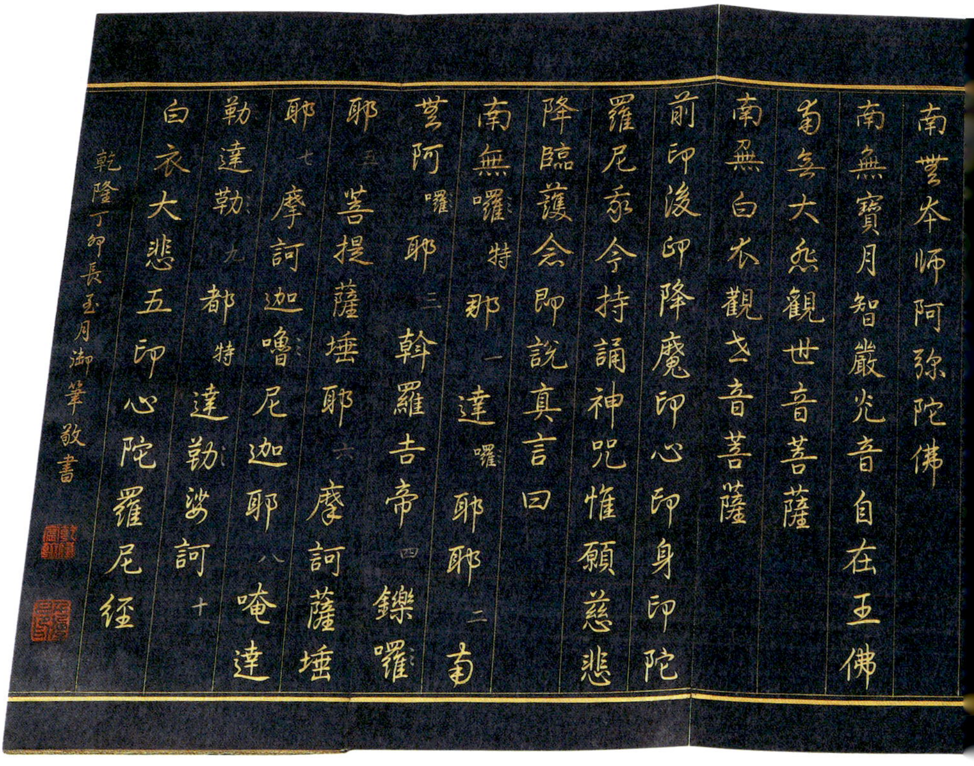
南無本師阿彌陀佛
南無寶月智嚴光音自在王佛
南無大悲觀世音菩薩
南無白衣觀世音菩薩
前印後印降魔印心印身印陀
羅尼經今持誦神咒惟願慈悲
降臨護念即說真言曰
南無囉特那一達囉耶耶二南
無阿囉耶三斡羅吉帝四鑠囉
耶五菩提薩埵耶六摩訶薩埵
耶七摩訶迦嚕尼迦耶八唵達
勒達勒九都特達勒娑訶十
白衣大悲五印心陀羅尼經
乾隆丁卯長至月御筆敬書

清乾隆　紫檀框黑漆嵌牙罗汉寿字挂屏

挂屏上部嵌染牙乾隆皇帝御制《罗汉赞》，此件挂屏为当时万寿节贡品。

但由于这是乾隆朝首次举办大型庆典，未免经验不足，显得奢华靡费。特别是在筹办的过程中，曾想要在数九寒天让皇太后乘船从长河航行进城，完全不顾忌是否适宜，某些官吏甚至向皇帝保证会克服所有障碍，破冰而行。最终，事与愿违，如《万寿图》中所绘，皇太后进城乘坐的是在冰河上拉动着的冰床而非大船，始作俑者受到了罚俸一年的惩罚。

清乾隆　御笔松梅挂屏

乾隆二十六年庆祝皇太后七旬寿辰的庆典就因为筹办经验丰富而显得更加切合实际了。经费的来源是由所有在京王公大臣暨各省督抚、将军、盐政、织造等集资，事后还能有剩余银两拨回各省，可见糜费程度有所收敛。

清　画珐琅盆料石寿桃盆景

盆景中的桃树木为枝干，染牙为叶，料石为花，碧玺、蜜蜡为桃实。

清人绘　百蝶寿字图轴

清康熙　青花「万寿尊赋」笔筒

明　青玉寿字人物纹执壶

清雍正　画珐琅花卉纹寿字卣壶

乾隆三十六年，按常理，庆典应当一次比一次隆重，八旬庆寿图应超越六旬、七旬。据《活计档》记载，崇庆太后八旬万寿庆典图应该是手卷四卷与贴落画的组合，但清宫仅有一幅帖落画遗存而已。档案记载表明，皇太后八旬万寿已然过去五年，万寿图还没开始

清 剔红寿字纹盒

画，理由是负责绘画的画师徐扬自乾隆三十七年至四十一年一直忙于绘制《南巡图》十二卷，无暇顾及万寿图，直到《南巡图》完成后的乾隆四十一年六月，乾隆皇帝才催促徐扬赶紧画八旬万寿图。乾隆四十二年正月皇太后离世，八旬万寿图究竟完成与否成为不解之谜。

清　画珐琅
猿猴献寿图攒盒

清　红漆描金福寿纹
桃式攒盒

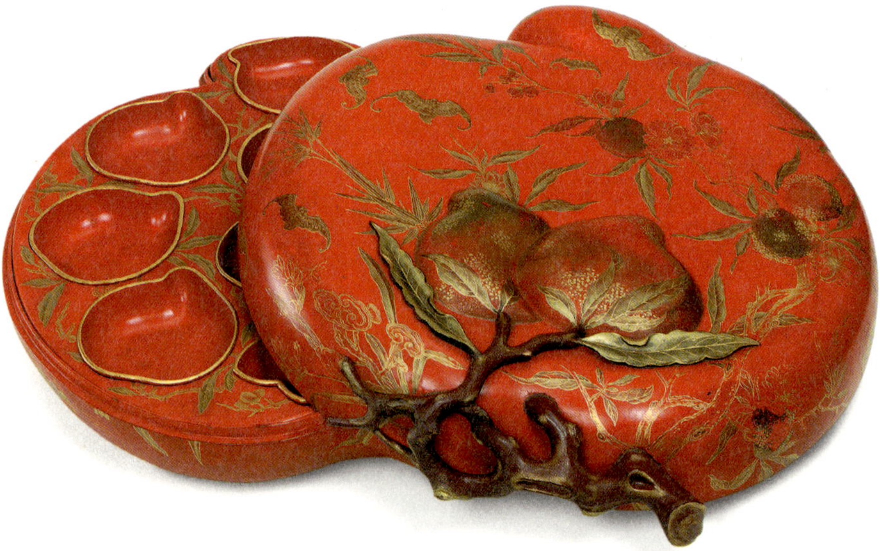

明 掐丝珐琅
寿字纹扶手椅

可珍存回味的寿礼

清光绪 张恺、梁德润、张维明合绘
群仙祝寿大寿字图轴
这张图是宫廷画家在光绪十年慈禧皇太后五旬万寿时奉旨所作，主题是「瑶池金母（西王母）」。

崇庆皇太后的庆寿图一般一画就是十年，这一方面由于绘画场景过大，人物众多，费时费工，另一方面也是特意为之——六旬庆寿图是七旬万寿节时的寿礼之一，七旬庆寿图是八旬万寿节的寿礼之一。

六旬庆寿图之《万寿图》卷历时十年绘成，作为皇太后七旬大庆的寿礼，以「御笔嵩呼介景万寿图四卷」的名义呈进，排在呈进的「九九寿礼」的首位。

喿百神色舉
宇宙囊括乾
坤天門詄蕩
羽葆繽紛雲
霞煥彩鸞鶴
成羣中央正
位天姥居尊
寶幢綵蓋馥
郁絪緼環立
旁侍蓬萊列
真星官降福
奎壁舒文九
穀獻穗七襄
織雲丹山嘉
卉紫府瓊珎
鳳芭五彩玉
醴千鐏殊祥
異瑞雲集駢
臻神其降止
福祿天申俾
爾多壽億萬
千春

臣梁燿樞敬題

清　黄花梨木嵌螺钿白玉雕富贵长寿字三镶如意

同样，七旬庆寿图也在崇庆皇太后八旬大寿之时以「御笔胪欢荟景万寿图一册」呈进，也排在九九寿礼的首位。

按照惯例，八旬万寿图卷将在乾隆四十六年崇庆皇太后九旬大寿时呈进。乾隆皇帝计划是要再办皇太后九旬大庆，并多次在御制诗文中提及，故乾隆皇帝迟至四十一年六月才开始落实绘画皇太后八旬万寿图长卷之事也就可以理解了。但是最终崇庆皇太后于乾隆四十二年正月二十三去世，空留诸多遗憾。

清光绪　张恺、梁德润、张维明合绘　人物寿字图轴

清　金錾花寿星如意

五花八门的寿礼

皇帝已然君临天下、富有四海，给皇帝过生日送什么礼物俨然是个难题，王公大臣、能工巧匠无不挖空心思想方设法哄「老寿星」开心。

略显雅致一些的有《寿字图》。故宫博物院藏有宫廷画家绘画的《群仙祝寿大寿字图》轴，画面中双勾楷体的「寿」字空白处填画传统寿意画。这幅《寿字图》是慈禧太后为庆祝五十大寿特意命如意馆画师定制的「寿礼」。

最有气势的寿礼应当算是皇子皇孙庆祝康熙皇帝六旬万寿而呈送的诗文屏风了。这组围屏边框用紫檀木制作，雕刻龙纹，镶嵌螺钿寿字。难能可贵的是，屏扇正中为皇子所写七言律诗、皇孙所写五言律诗，囊括了康熙皇帝多位皇子皇孙，且背面刺绣不同篆体的寿字多达万个。

最特别的一件礼物，是一杆火枪。乾隆五十八年，英王乔治三世以给乾隆皇帝补祝八旬大寿为名派遣以马嘎尔尼为首的使团访问中国，期望打开中国的贸易大门。马嘎尔尼进献给乾隆皇帝的礼物中就包括一杆火枪，其虽是武器，却也可称是一件精美的工艺品。

清康熙 青花万寿字纹撇口大瓶

此瓶为康熙五十二年康熙皇帝六十大寿之时，景德镇御窑厂陶瓷工匠们费心竭力、不惜工本设计制作而成，以表达祝贺万寿之意。

清康熙 紫檀木雕花嵌螺钿绣寿字纹围屏

最具历史价值的寿礼

此扇屏风，当为康熙五十二年三月十八日康熙皇帝六旬万寿圣节所做。三月十六日，皇三子胤祉率领众位皇子皇孙进献两组围屏。第一组是皇子辈所作七言祝寿律诗，第二组为皇孙辈所作五言祝寿律诗，每组十六扇。皇子围屏的作者年龄最大的是胤祉，最小的是胤禧、胤祐，只有两岁，其诗文应当是兄长或翰林代笔。

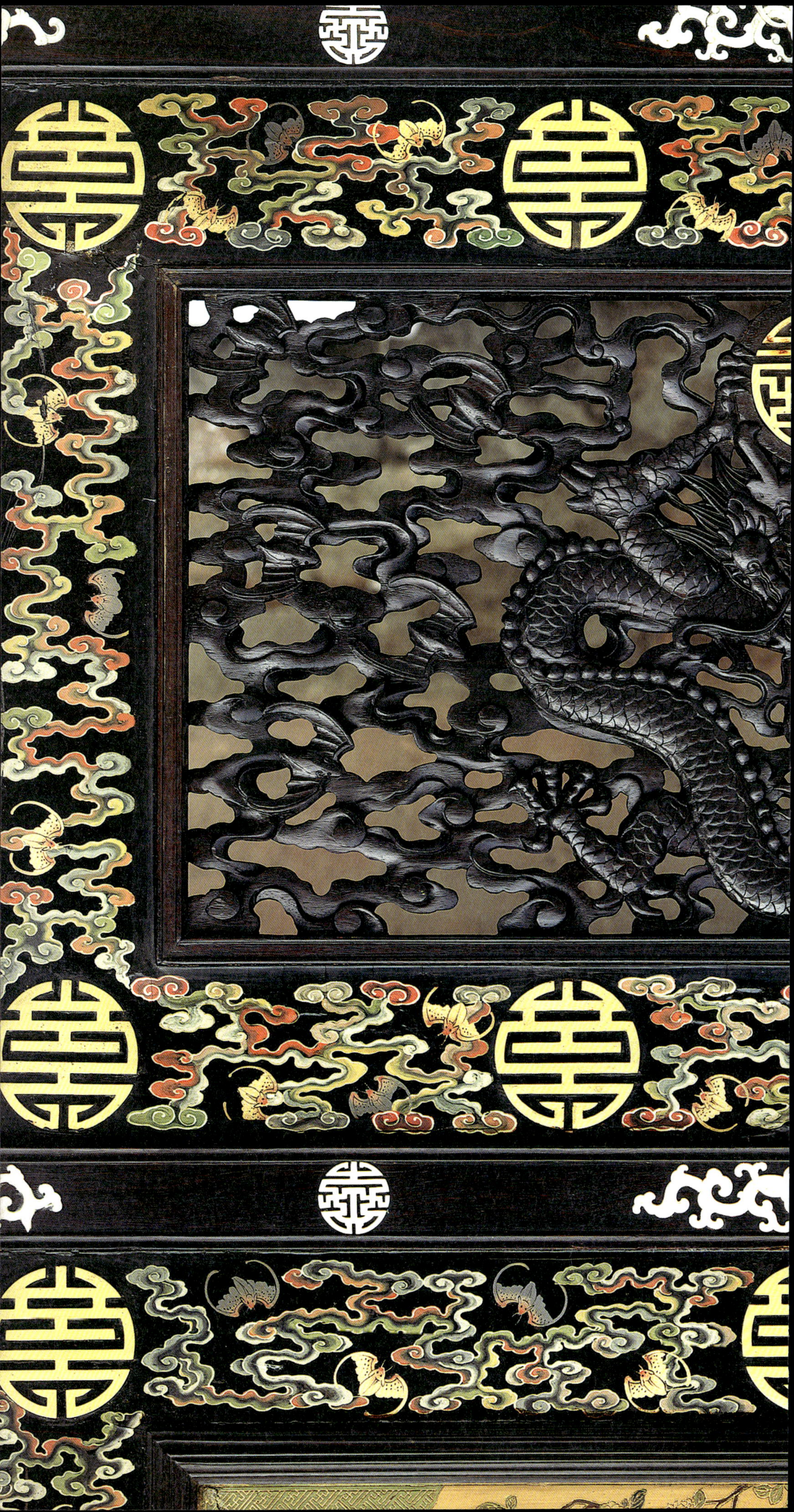

清乾隆　马嘎尔尼进献自来火枪

马嘎尔尼进献自来火枪（局部）

《甘珠尔》经

《甘珠尔》经是藏文大藏经之一，全部一百零八卷。内容涉及佛学、哲学、逻辑、文学、艺术、星相、医学、科学、工程等领域，是总汇藏民族本土文化知识的百科全书，是青藏高原雍仲本教的文献经典总结，深刻地体现着藏地人民群体性的心理素质、思维方式与行为规范，是研究藏族古代文明的极其珍贵的资料。

清乾隆《甘珠尔》经

崇庆皇太后笃信佛教，为祝其福寿绵长，乾隆皇帝特命宫中以泥金抄写《甘珠尔》经。

祝寿进贡来的「大玩具」

象牙雕群仙祝寿塔，应当是广东地方官员进贡给慈禧皇太后的寿礼。塔以象牙为主，应用多种珍贵材料，综合了镂雕、圆雕、拼镶、染色等多种技法，精巧异常，俨然一件「大玩具」。如此大的艺术品，不远万里，运输途中碰坏了怎么办？其实，这件「大玩具」是分成了几个部分运送到京城的，运到后再由京城的匠人按照「组装说明书」重新组装好，然后再进献给慈禧皇太后，供其把玩。

清光绪 象牙雕群仙祝寿塔

象牙雕群仙祝寿塔（局部）

清 竹雕白猿偷桃

白猿献寿

传说汉武帝时，东方朔得白猿相助，入天宫巧闯王母蟠桃盛会，得寿一万八千岁，被后世奉为寿星。之后在唐人小说《补江总白猿传》、明人小说《封神演义》中都有对白猿神仙般的能力的描写。中国先民视猴为长者、长寿之象征，《抱朴子》云：山中主人曰「人君者，猴也，猴寿八百岁」。千百年来，「白猿献寿」一直是祝福幸福长寿的题材。

清　铜镀金水法转花带白猿献寿时乐钟

铜镀金水法转花带白猿献寿时乐钟（局部）

清 掐丝珐琅嵌珊瑚雕福寿字三镶九九如意

百耋圖卷　女史惲冰繪

清人绘　百耋图卷

这幅画卷有专门的外包装木盒，盒上附黄纸条书「臣张之洞跪进」，可以推测应当是张之洞祝贺慈禧寿辰所敬献的贺礼。

第三章

万寿盛典

百福寿为先，生日作为人生的开始，人们常常通过举行一些活动来祈寿。在中国古代社会，皇帝至尊，其祈寿活动也成为此类活动的至高形态。一起来看一看皇帝、皇后、皇太后如何过生日，皇家过生日都有哪些礼数。

皇帝怎样过生日

皇帝过生日的习俗自唐代才开始有。开元十七年，唐玄宗李隆基在他的生日八月五日这天，在花萼楼下宴请百官，有知趣的朝臣上表，请求将以后每年的这一天定为「千秋节」，在这一天，群臣朝贺，皇帝应答，王公以下都要向皇帝献宝镜与承露囊作为生日礼

元 任仁发 张果老见明皇图卷

物，然后摆酒畅饮，并休假三天。终唐代一朝，千秋节朝贺只举行过五次而已，它仅仅是皇帝与群臣聚众娱乐的一个由头而已。

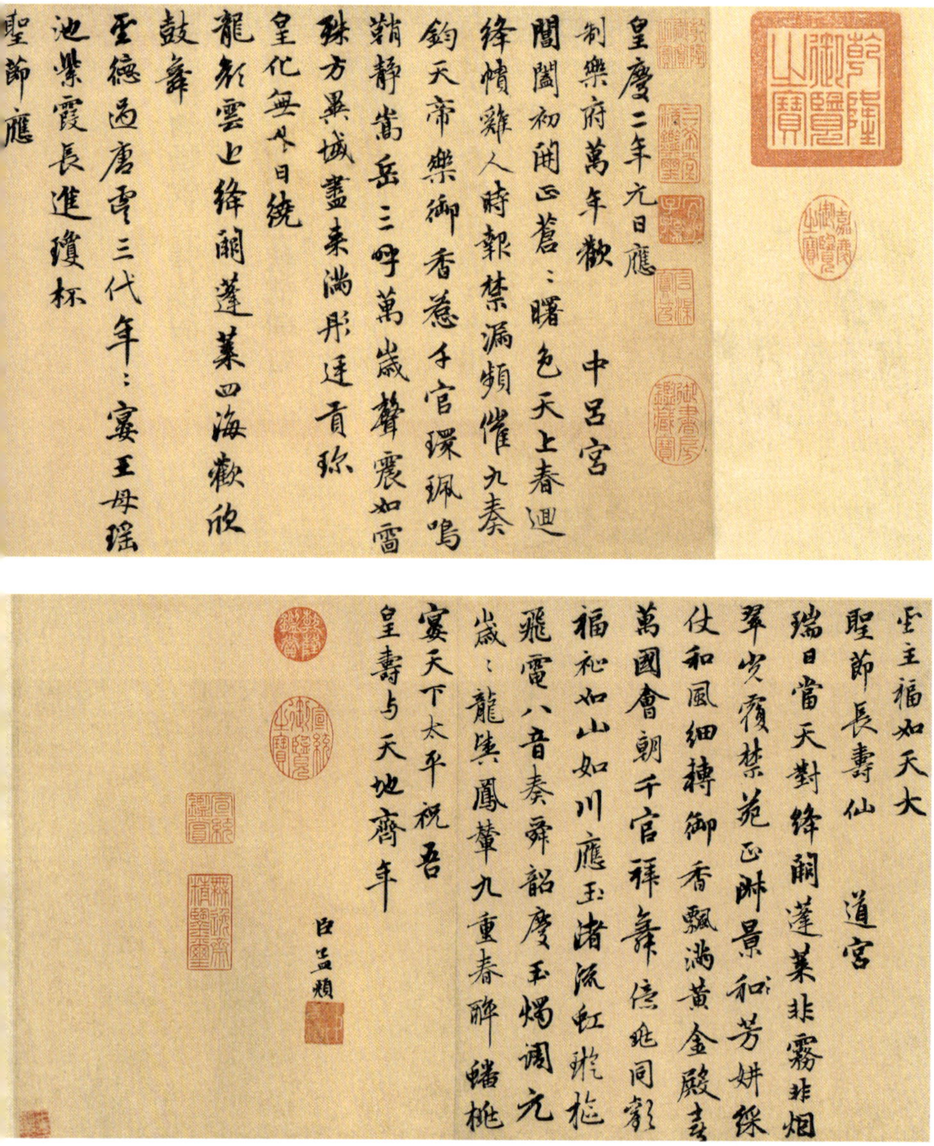

元　赵孟頫　行书万寿曲卷

宋徽宗称自己的生日为天宁节，并详细规定了上寿礼仪：皇帝驾临垂拱殿，亲王先上寿酒贺寿，作为「自家亲戚」上寿，皇帝不用和他们客气，所以不作回答。第二天，皇帝驾临紫宸殿后阁，三公以下群臣

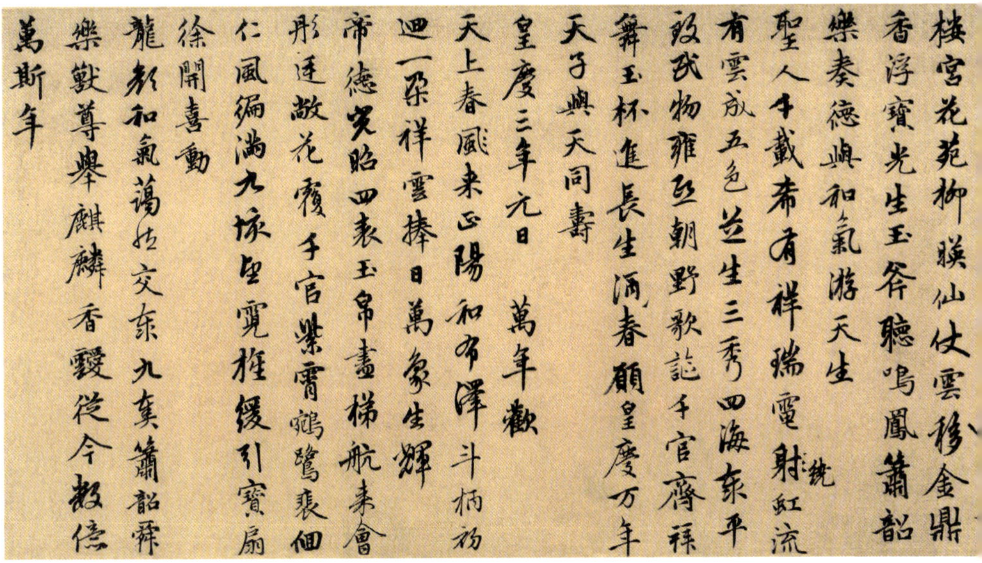

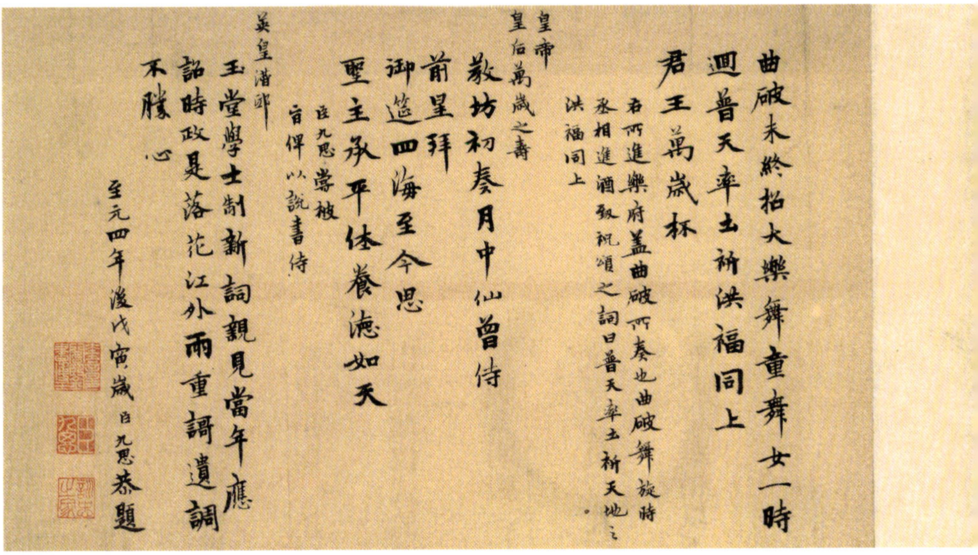

皇帝的生日叫什么？

皇帝的生日定为节日始于唐玄宗，最初称千秋节，天宝七年又改称天长节。唐肃宗则称其生日为天成地平节。而后，皇帝生日的名称屡有变易，或统称圣寿节、诞圣节、圣节、圣旦、圣诞，直至明代方始固定称天寿圣节或称万寿圣节，简称为天寿节或万寿节。清代皇帝生日名称沿用明代，简称万寿节。

明　朱瞻基
寿星图卷

上寿，皇帝要回礼作答表示要「内外同庆」。可见，皇帝生日的礼仪制度开始趋于正规化了。

元代皇帝过生日的礼仪和元正（元旦）朝贺的礼仪相同。正日子之前，会先有演习仪式，表现出对此仪式的重视。生日当天，皇帝与皇后一同驾临大明殿（与明清太和殿功能等同），先接受侍仪等官员行礼，之后后妃、诸王、驸马恭贺献礼，然后是丞相以下百官行礼，最后是僧道、耆老、外国使臣行礼。礼毕，诸王宗亲、驸马、大臣于殿上飨宴。整个生日的礼仪给人感觉非常庄重、正式。

炳耀孤南分躔狼北春
晨出丙而右旋秋夕入丁
而西匿表嘉瑞於寿昌
占大年于千億蓋嘗託
為長生之人而游乎有
道之國縱飲不酣圍棊
莫敵是以備華祝之三
多首箕疇之五福者
吾必歸諸南極
大德八年春三月畫并
題　吳興趙孟頫

元　赵孟頫　寿星像图轴

明代皇帝过生日的礼仪也按元旦朝贺礼仪，只是行礼时的祝辞不同罢了。生日当天，设卤簿仪仗，皇帝先驾临华盖殿，接受侍仪执事官行礼，然后再驾临奉天殿，接受百官行礼。

清乾隆 剔红福字寿山福海图插屏

清代帝后过生日时的朝贺制度达到了繁缛、庄重的极致，颇多的祭祀是其一大特色。首先，要派遣官员祭祀先皇陵寝以及先于皇帝过世的皇后的陵寝，还有真武庙、东岳庙、城隍庙，皇帝则去祭祀奉先殿或太庙后殿。如果是皇帝过整岁生日大庆，还要派遣大臣告祭天、地、太庙、社稷。生日当天，皇帝率百官先向皇太后行礼，再驾临太和殿（或正大光明殿）接受百官三跪九叩大礼，然后回乾清宫再接受后宫行六肃三跪三拜礼。生日过后，皇帝还要派遣官员祭祀五岳、五镇、四海、四渎、长白山，以及历代帝王陵寝、先师孔子阙里。总之，清代皇帝过一次生日要告知天下所有神明，生怕礼数不周遭到神明怪罪。

葫芦与长寿

葫芦，多籽、藤蔓缠绕的造型被赋予了多子多孙、延绵不断的含义。葫芦也是道教圣物，既是通往仙境的法物，也是存放金丹的容器。又因为葫芦与「福禄」谐音，葫芦也寓意「福禄双全，大吉大利」。

清康熙　五彩寿字葫芦瓶

清　蒋廷锡画眉寿万年胤禛书诗成扇

清 弘仁 节寿图轴

清 屈兆麟 寿山福海图轴

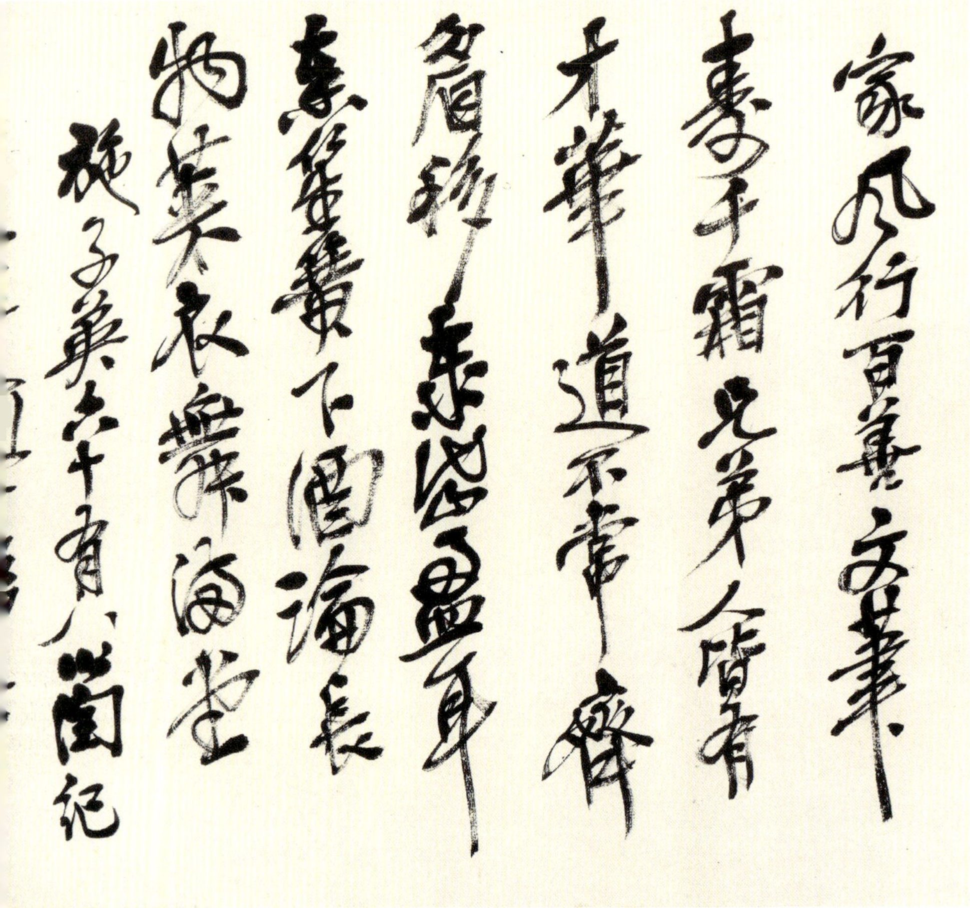

清　吴昌硕　寿星拜诗轴

清　橄榄核雕寿星

清　行有恒堂款刻
寿星图蝈蝈笼

皇太后、皇后怎样过生日

清康熙 五彩桃纹描金万寿字盘

描金彩瓷

康熙朝的描金彩瓷，需要将金子磨碎熔化，描绘到器物之上，造价昂贵，非皇室贵胄不能拥有。

宋代才开始有皇太后过生日，皆因宋代出现了皇太后临朝听政的情况，但也只是临时的。宋朝第一个临朝听政的太后是宋仁宗赵祯的奶奶刘太后。宋仁宗十三岁即位，由刘太后垂帘听政，到宋仁宗二十四岁亲政后，便诏定了刘太后的生日——长宁节的上寿礼仪：太后垂帘于崇政殿，接受百官及契丹使节的朝拜，并有答拜。之后太后回内廷，百官再到内东门拜表称贺。另外，内外命妇们也要上寿、进表。次日大宴，这个生日过的也算盛大隆重。

清雍正　金胎珊瑚福寿纹盒

盒子表面为多块纯正红珊瑚粘接而成，盖顶雕琢一篆书「寿」字，上面再凸雕一只蝙蝠，寓意「福（蝠）寿」。

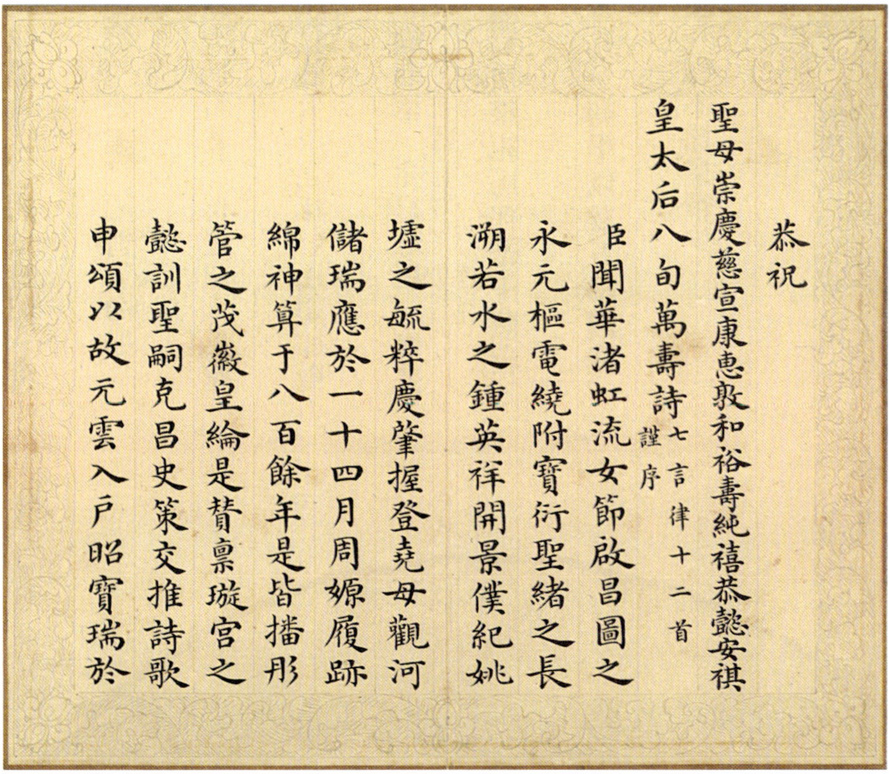
恭祝
聖母崇慶慈宣康惠敦和裕壽純禧恭懿安祺
皇太后八旬萬壽詩七言律十二首謹序
臣聞華渚虹流女節啟昌圖之
永元樞電繞附寶衍聖緒之長
溯若水之鍾英祥開景僕紀姚
墟之毓粹慶肇握登堯母觀河
儲瑞應於一十四月周嫄履跡
綿神算于八百餘年是皆播彤
管之茂徽皇綸是賛稟璇宮之
懿訓聖嗣克昌史策交推詩歌
申頌以故元雲入戶昭寶瑞於

清乾隆 蔡新等 孝圣宪皇后八旬万寿诗文

明代皇太后生日过得相对简单。皇太后生日当天，皇帝率亲王为皇太后上寿行礼，后妃、太子随同行礼，文武群臣、命妇也要向皇太后行庆贺礼，仅此而已。

清代皇太后的生日万寿圣节明确被列入嘉礼的范畴，过得就比较隆重了：皇帝先派遣官员祭祀太庙后殿，文武官员进表称贺，皇帝也要进贺表朝贺。皇太后生日当天，皇帝及王公大臣都要给皇太后行礼祝贺，等皇帝回宫后，皇后（或摄六宫事的皇贵妃）再率妃嫔与公主、福晋、命妇等向皇太后行礼。每逢皇太后整岁生日的大庆之年，还要加徽号、颁恩诏。生日过后，也要派遣官员祭祀历代帝王陵寝、先师孔子阙里以及五岳四渎，礼数一样不比皇帝少。

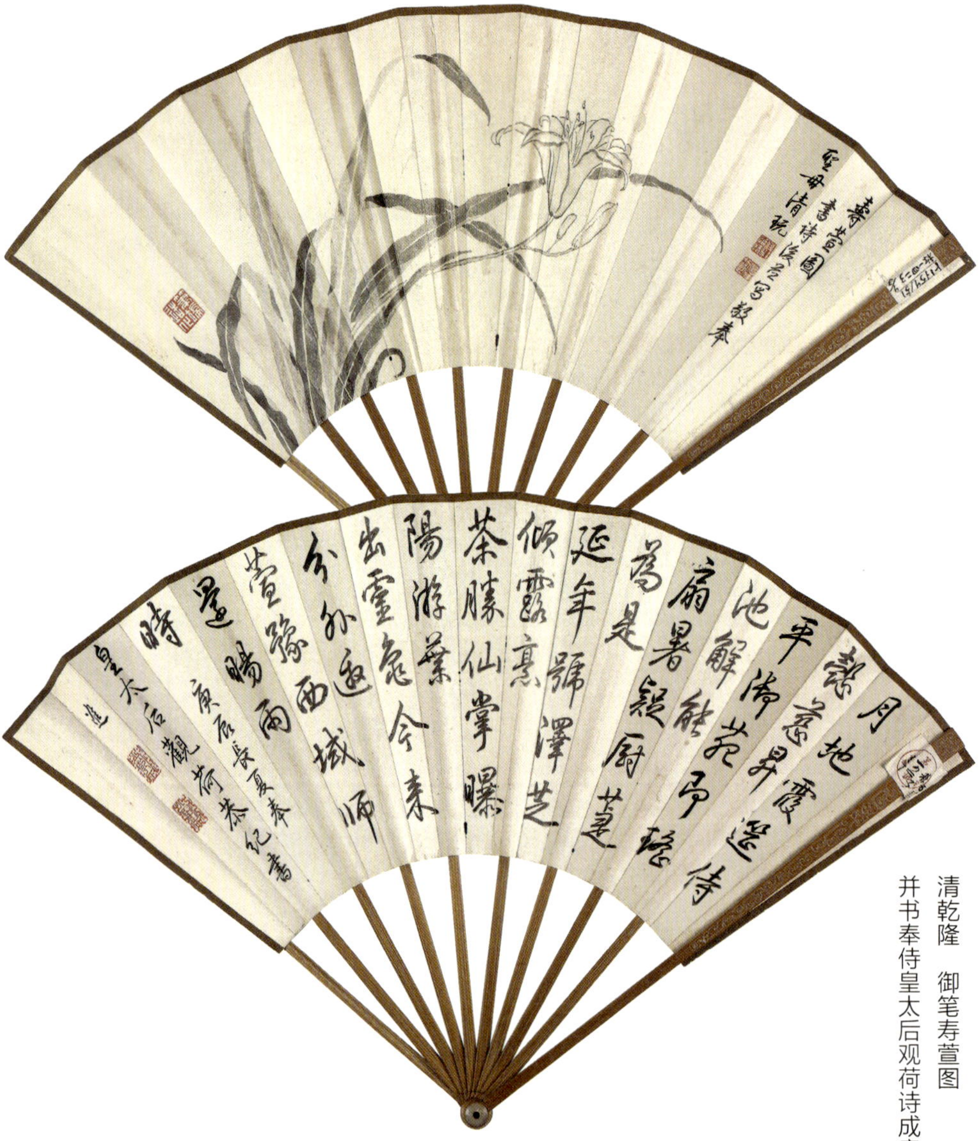

清乾隆 御笔寿萱图并书奉侍皇太后观荷诗成扇

清乾隆　御笔寿萱介石图并书问安即事诗成扇

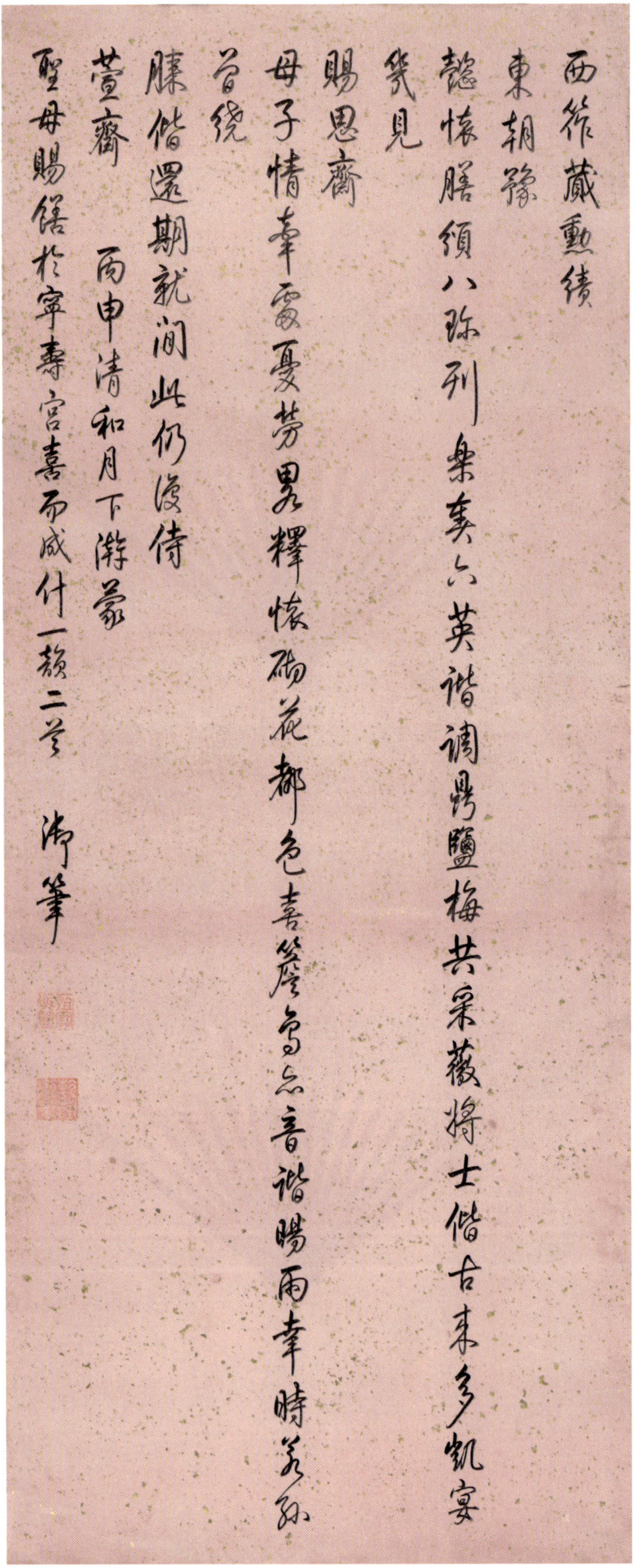

清乾隆 御笔行书「蒙圣母赐膳于宁寿宫喜而成什一韵二首」字条

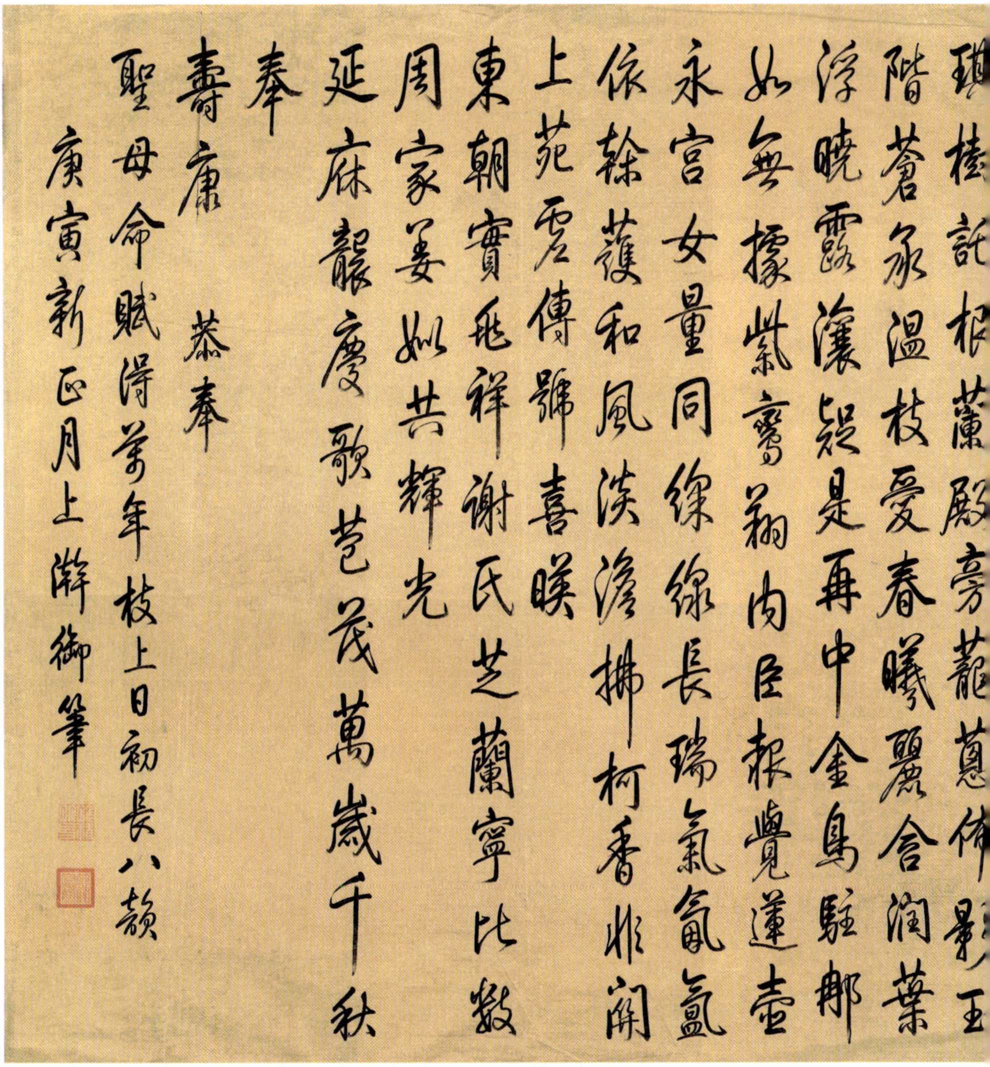

清乾隆　御笔行书「恭奉圣母命赋得万年枝上日初长八韵」字条

乾隆皇帝侍母最孝

乾隆皇帝对生母崇庆皇太后（孝圣宪皇后）最为孝顺，从现存故宫的多张乾隆皇帝御笔亲题的记录自己侍奉母亲用膳、给母亲问安、庆祝母亲寿诞的字条可以看到，乾隆皇帝作为一代雄主，为天下黎民百姓树立了孝顺父母的典范。

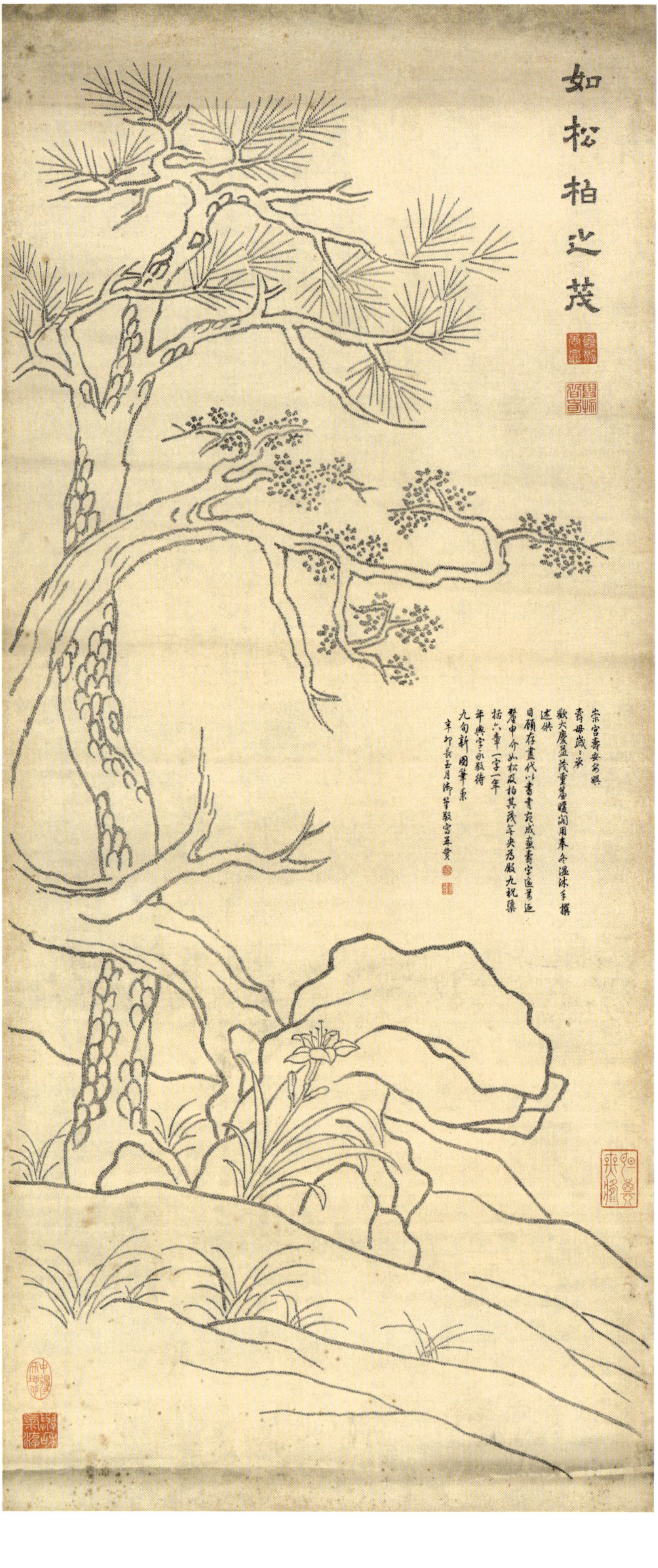

清乾隆　御笔松柏之茂贴落

画面中的松柏，乃至题目「如松柏之茂」，都是由极小的「寿」字组成的。此幅贴落是乾隆皇帝恭送给崇庆皇太后的。

清乾隆
御题青玉如意

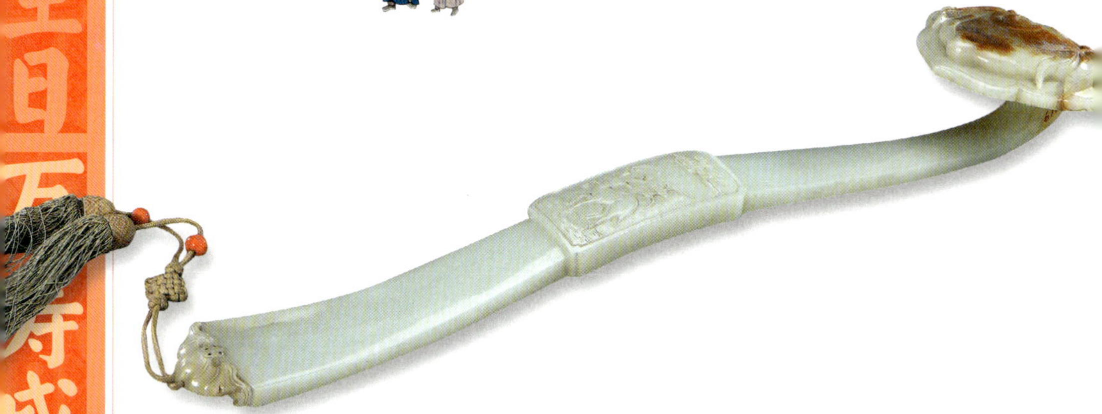

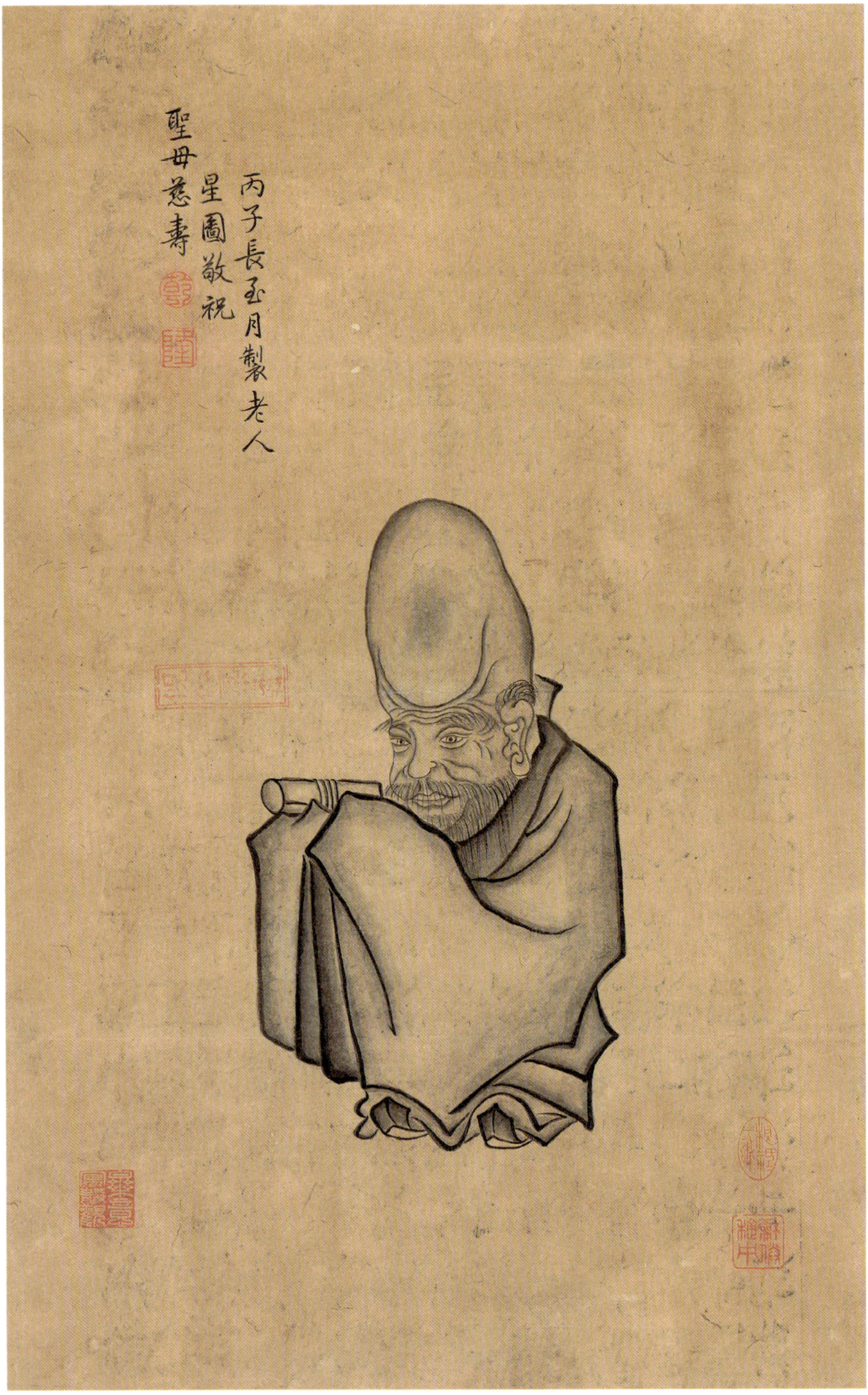

清乾隆 御笔寿星图轴

此图为乾隆皇帝在乾隆二十一年为崇庆皇太后六十五岁生日所作。值得一提的是，绘制该图的纸为倪仁禀纸，为藏经纸的一种，系清宫特制用纸。

清乾隆 黑漆描金福寿纹盒

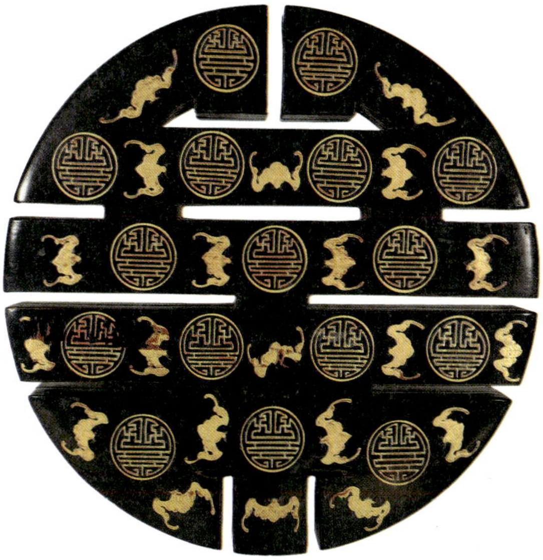

明朝的皇后才正式过自己的生日——千秋节，但实现比之下也很简单。明代皇后过生日接受朝贺时，皇后仪仗与钟磬等礼乐器先布置就绪，皇后在寝宫（坤宁宫）在司仪女官赞唱声中接受命妇行礼，仅此而已了。

清代皇后过生日相比明朝要正式了许多，但虽然自己是应当受到朝贺的「寿星」，却不能把自己置于第一受贺的位置——皇后这个「寿星」过生日需要先去皇太后面前行礼，再去皇帝面

清　天然木槎木雕寿星玉石玻璃花卉盆景

前行礼，然后才能在交泰殿接受公主、福晋、一二品命妇向自己行庆贺礼（嘉庆朝后免去福晋与命妇行礼）。从这一点可以看出皇后地位比皇帝、皇太后要低，自己过生日还要先向皇太后、皇帝行礼请示。

清康熙　画珐琅福寿纹杯
此杯原藏养心殿。

清　红漆嵌螺钿寿字炕桌

桌面上镶嵌螺钿寿字共一百余个。

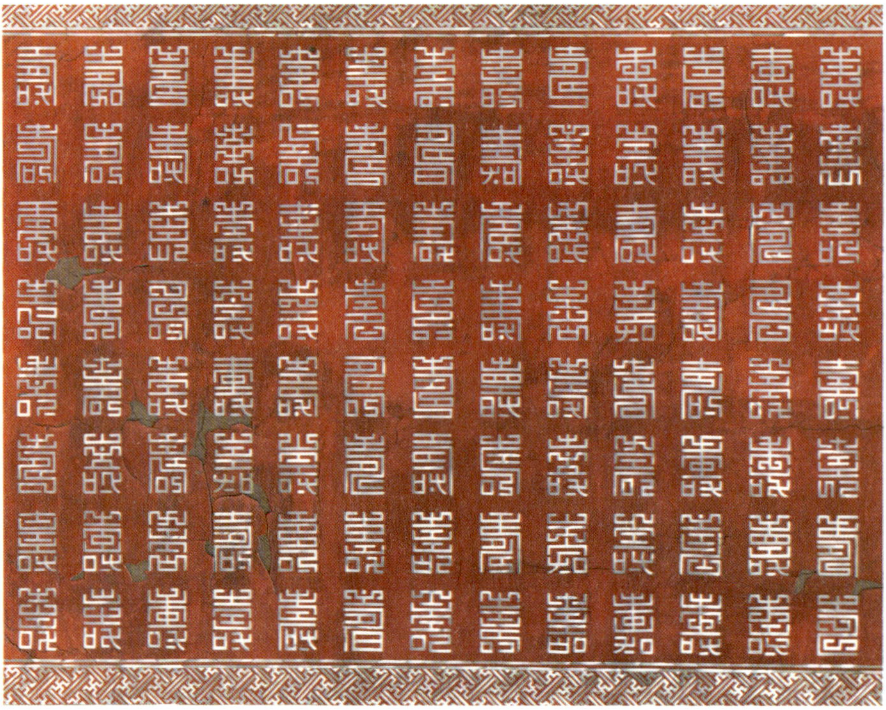

清 掐丝珐琅寿字花卉瓶

清 伽南香寿字手串

伽南香

伽南香，又名沉香，为瑞香科植物白木香，是含有树脂的木材，分布于广东、海南、广西、福建等地。具有行气止痛，温中止呕，纳气平喘之功效。常用于胸腹胀闷疼痛，胃寒呕吐呃逆，肾虚气逆喘急。

包衣三旗廣儲司買賣撥什庫在三佛菴恭誦萬壽經
福祿來同八表共登仁壽域
所烟發

皇帝过生日的礼数

唐宋两朝皇帝过生日的礼仪制度还不完善。当时，君臣尊卑还不是很绝对，所以在皇帝的生日典礼上君臣之间行礼还有问有答，向皇帝祝贺生日的也仅有在京官员而已，行礼的殿堂也不在正殿，而是在便殿，百官行礼时着常服而非官服，显得很随意。

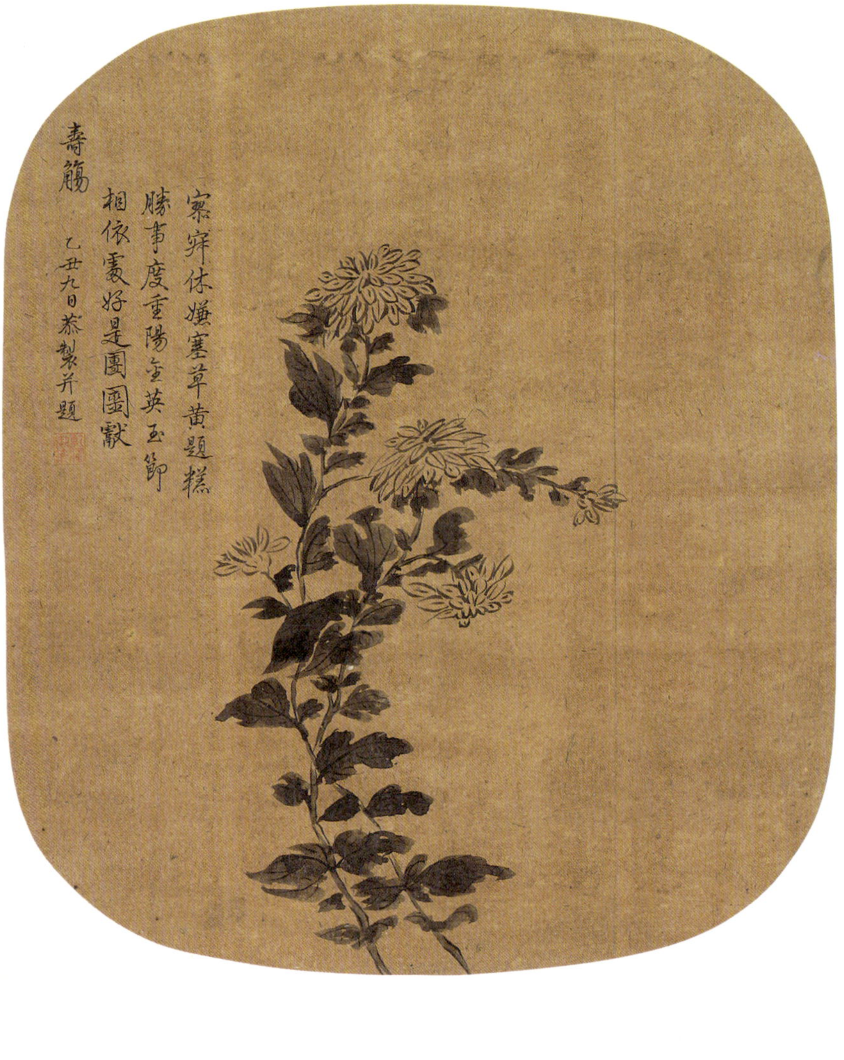

清乾隆
御笔金英献寿图轴

清乾隆　御笔行书寿字条

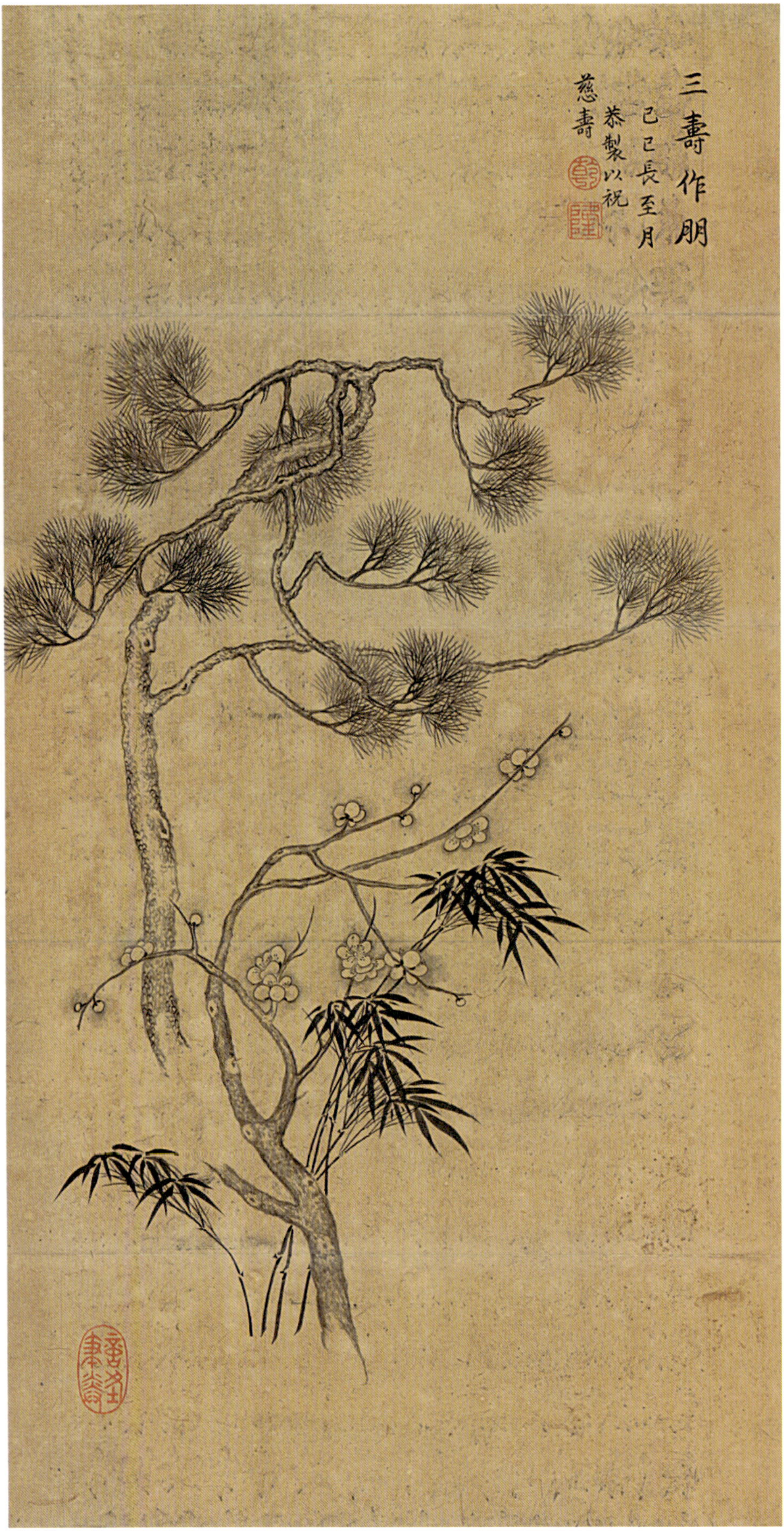

清乾隆 御笔三寿作朋图轴

清乾隆　御笔多禄图轴

唐宋时期皇帝生日典礼上的君臣应答

按《大唐开元礼》记载，皇帝千秋节一早，百官着常服列班，皇帝升座，典仪官口令百官行再拜礼。之后，侍中执笏跪奏：

「千秋节令，臣等不胜大庆，谨上千万岁寿。」

皇帝在接受百官进酒后，由承旨官宣制（代替皇帝说）：

「得卿等寿酒，与卿等内外同庆。」

然后百官在皇帝举杯之后，再拜，三呼万岁。

明清皇帝过生日的礼数就十分完备了。生日典礼上，臣工行完礼后，皇帝并不作答复。要向皇帝祝贺生日的不仅有在京官员，地方官员也要遥祝。已经到自己封国就职的亲王虽然没有旨意不得进京，但也要在封国府邸遥祝，还要派遣官员进表。另外，在清代，如果赶上皇帝不在京城过生日（比如去木兰秋狝、避暑山庄），在京官员也要遥祝万寿。生日当天的朝贺行礼必须在太和殿或太和门举行，王公百官必须穿朝服，行三跪九叩大礼。

清乾隆　碧玉交龙纽「古稀天子之宝」

印身周刻七十高寿的乾隆皇帝所作《古稀说》：
「予以今年登七帙，因用杜甫句刻「古稀天子之宝」，
其次章即继之曰「犹日孜孜」。
盖予宿志有年，至八旬有六即归政而颐志于宁寿宫。
其未归政以前，不敢弛乾惕，犹日孜孜，
所以答天庥而励己躬也。」

清乾隆　香色缎绣御制古稀说册

此册所书楷书乾隆皇帝所作《古稀说》，作者为乾隆皇帝第十一子永瑆。乾隆皇帝在《古稀说》中表明自己的高寿和天下的太平都是上苍的恩惠，人君应朝乾夕惕，勤勉治国，才能将上苍给予的福祉不断地传承下去。

清　青玉勾云「古稀天子」搬指

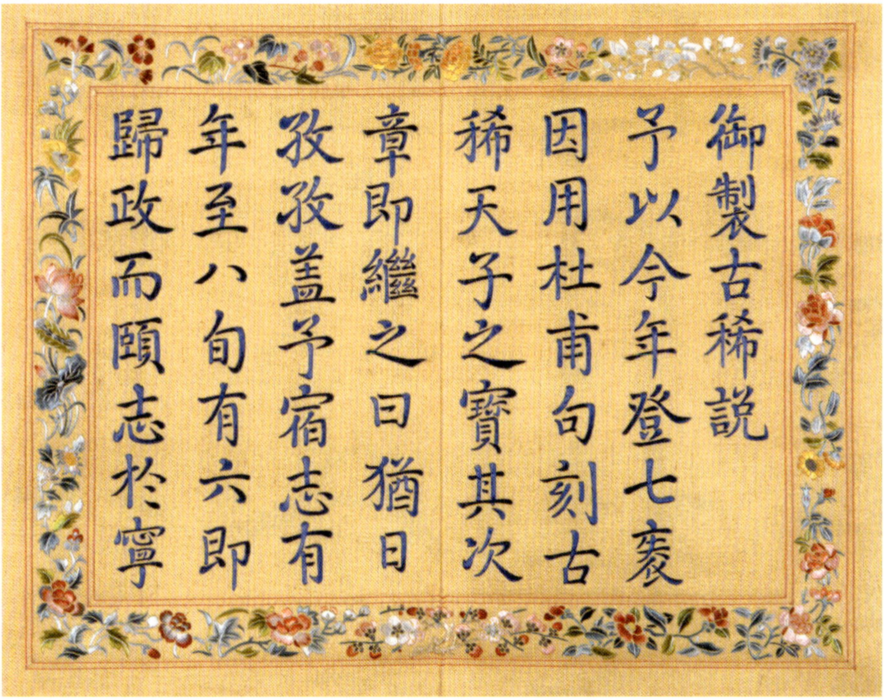
御製古稀說
予以今年登七袠
因用杜甫句刻古
稀天子之寶其次
章即繼之曰猶日
孜孜蓋予宿志有
年至八旬有六即
歸政而頤志於寧

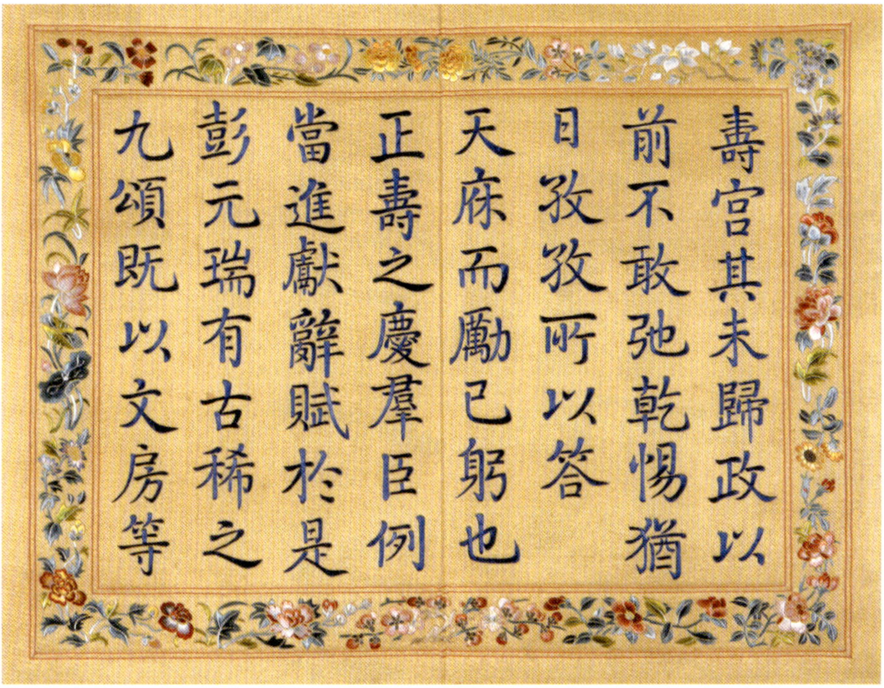
壽宮其未歸政以
前不敢弛乾惕猶
日孜孜所以答
天庥而勵己躬也
正壽之慶羣臣例
當進獻辭賦於是
彭元瑞有古稀之
九頌既以文房等

御製古稀說

予以今年登七袠因用杜甫句刻古稀天子之寶其次

章即繼之日猶日孜孜蓋予宿志有年至八旬有六即歸政而頤志於寧

壽宮其未歸政以
前不敢弛乾惕猶
日孜孜所以答
天庥而勵己躬也

正壽之慶羣臣例當進獻辭賦於是彭元瑞有古稀之九頌既以文房等

朝贺大典所用乐器——编钟

朝贺大典所用编钟，共十六枚，对应清代乐律中的十二正律（黄钟、大吕、太簇、夹钟、姑洗、中吕、蕤宾、林钟、夷则、南吕、无射、应钟）、四倍律（康熙时新增，分别为倍夷则、倍南吕、倍无射、倍应钟）。悬挂时，讲究上层八阳音，下层八阴音，悬挂编钟的架座称簨虡。朝贺大典时，皇帝从寝宫乘轿舆到太和殿，此时演奏中和韶乐「乾平之章」，礼毕，皇帝离座回寝宫，演奏中和韶乐「太平之章」。

清　绣康熙帝御笔万寿无疆匾

帝后生日如果和自然节令、先帝忌日重合了怎么办？

宋哲宗的生日是十二月初七，但同日亦是太祖赵匡胤的高祖父赵朓的忌日，宋哲宗为避讳，只能将自己的生日定为次日。乾隆皇帝之母崇庆皇太后生辰为十一月二十五日，接近冬至，当乾隆七年、十八年、二十六年、三十七年这四年的冬至斋戒与崇庆皇太后的圣寿节朝贺发生冲突时，皇太后庆贺之礼的正日子也只能让位于祭天斋戒而提前举行。所以，当帝后的生日与节令或先帝忌辰重合之时，或把帝后万寿圣节的时间人为避开，或错前错后再行礼。

本书内容节自《紫禁城》二〇一五年十月号任万平《千秋万寿祈长年》、林姝《崇庆皇太后的万寿庆典图》。